Rossana Rossanda
Vergebliche Reise
oder
Politik als
Education sentimentale

Rossana Rossanda, geboren 1924, studierte in Venedig und Mailand, 1943 trat sie der Kommunistischen Partei Italiens bei, 1959 wurde sie ins Zentralkomitee gewählt. Nach ihrem Ausschluß aus der Partei gründete sie 1969 gemeinsam mit Freunden die Gruppe »Manifesto« und die Zeitschrift *Il manifesto,* in der sie bis zum heutigen Tage ihre international beachteten politischen Analysen veröffentlicht. 1980 erschien ihr Buch *Einmischung* in deutscher Übersetzung in der Europäischen Verlagsanstalt.

Spanien 1962: Rossana Rossanda, in geheimer Mission, bereist das Land. Unter Beachtung aller Vorsichtsmaßregeln sucht und knüpft sie Kontakte mit Vertretern der politischen Opposition: mit Sozialisten, Kommunisten, Anarchisten, Liberalen, Konservativen, mit Arbeitern, Gewerkschaftern, Intellektuellen. Es ist eine Fahrt in die Illegalität, in die Höhlenwelt des Widerstands gegen das Franco-Regime. Die KPI, in deren Auftrag Rossana Rossanda ihre Erkundungen betreibt, wünscht genaue Informationen über die Pläne und Strategien der Oppositionskräfte, ihren inneren Zustand und ihre Bündnispolitik. In den Gesprächen, die Rossana Rossanda führt, offenbaren sich die tiefen Irritationen, unter denen der Widerstand leidet, die Angst, in die der Terror ihn versetzt hat.

Die Erfahrungen, mit denen Rossana Rossanda nach Italien zurückkehrte und die in ihre Diagnose eingingen, lesen sich in den wichtigen Punkten wie ein Kommentar zur Entwicklung in Spanien bis heute: wie ein Katalog unbeantworteter Fragen. Mit diesen Fragen beschäftigt sich der Schlußteil des Buches, eine aufmerksame Selbstkritik der Linken, ihrer allzu leichtfüßigen Vorsätze und ihrer unabgegoltenen Versprechungen. Die »Education sentimentale« endet im Schmerz, freilich einem Schmerz, der den Verstand und den Blick für die Wirklichkeit der achtziger Jahre schärft.

Rossana Rossanda
Vergebliche Reise oder Politik als Education sentimentale

Aus dem Italienischen übersetzt
von Barbara Kleiner

Europäische Verlagsanstalt

Titel der Originalausgabe: *Un viaggio inutile o della politica come educazione sentimentale.*

CIP-Kurztitelaufnahme der Deutschen Bibliothek
Rossanda, Rossana:
Vergebliche Reise oder Politik als Education
sentimentale / Rossana Rossanda. [Aus d. Ital.
von Barbara Kleiner].. – Frankfurt am Main:
Europäische Verlagsanstalt, 1982.
ISBN 3-434-00519-6

Umschlaggestaltung: Atelier Rambow/Lienemeyer/van de Sand, Frankfurt am Main
Motiv: Porträtfoto (Rossana Rossanda) © Uliano Lucas, Milano
Produktion: Klaus Langhoff, Friedrichsdorf
Gesamtherstellung: Freiburger Graphische Betriebe 1982

Printed in Germany
ISBN 3-434-00519-6

Inhalt

1. Spanien

Die Geschichte, von der hier die Rede sein wird, hat sich vor nunmehr achtzehn Jahren zugetragen. In der Erinnerung scheint sie weit entrückt – das Gedächtnis spiegelt die Jahre zwischen 1945 und 1962, anders als die stürmischen, unabgegoltenen von 1962 bis 1980, in mildem Licht zurück. Ich berichte diese Geschichte, Zug für Zug und gefärbt von den jeweiligen Stimmungen, die sich unter die Schatten der Erinnerung mischen, weil mir, damals Mitglied des Zentralkomitees der Kommunistischen Partei Italiens, dabei zum ersten Mal eine Rechnung nicht aufging, in einem Geschäft, dessen Regeln ich genau zu kennen meinte und bei dem ich mich sicher fühlte. Wohl hatten wir den Schlag von 1956 gespürt; wohl peinigte uns die offene Wunde der »realen Sozialismen« (die damals noch nicht so genannt wurden). Aber im eigenen Hause, in den entwickelten Gesellschaften Westeuropas, und in allem, was Geburt, Tod und Wiederauferstehung des Faschismus anlangt, hielten wir uns für kundig. Wir wähnten uns unverletzlich. Die Begebenheit allerdings, die ich erzählen will, erwies unsere Weisheit als stumpf; die Wirklichkeit, auf die sie zugeschnitten schien, entzog sich.
Für einen jugendlichen Leser heute mag es ein gewohntes Gefühl sein, den »Lauf der Welt« nicht zu verstehen: Mit den Achseln zu zucken, sich betrogen zu glauben von dem, was hätte sein sollen und nicht ist, jeden lebendigen Vorsatz, noch bevor man ihn mit Kopf und Herz gefüttert hat, an einer undurchdringlichen Wand zerspringen zu sehen, Unzufriedenheit, Enttäuschung und Gleichgültigkeit sind ebenso gängige wie wohlfeile Attitüden. So steht denn zu vermuten, daß man diesen Bericht mit einem Lächeln zur Kenntnis nehmen wird, mit einem maßvollen Lächeln, hoffe ich. Denn obschon selbst für den geneigten Beobachter die Zerstörung von Gewißheiten etwas aufreizend Komisches hat, so ist sie doch unsäglich schmerzhaft und selten befreiend für den, der sie erfährt: ein tiefer Schnitt ins Fleisch.
Diese Erfahrung machte ich 1962 in Spanien. Im Gebälk des Franco-Regimes begann es zu knistern. Keimlinge von Liberalismus zeigten sich in den Fugen, seine Protagonisten waren – man

höre und staune – Fraga Iribarne * und das Opus Dei. Heute weiß jedermann, daß Manuel Fraga die Rechte, die berühmte Allianz repräsentiert; damals war das keineswegs ausgemacht. Er war der erste Konservative, der sich, freilich im Operationsrahmen des Franquismus, hervorwagte, bedeckt zwar, aber erkennbar. Bis zu diesem Zeitpunkt hatte die Repression Spanien förmlich erstickt, das Land war gelähmt von dem Massaker und von dem Schweigen, das ihm gefolgt war; Unterdrücker und Unterdrückte waren gleichermaßen im Grauen erstarrt. Doch die letzten Hinrichtungen lagen bereits einige Jahre zurück, und zu Beginn der Sechziger bildete sich im Untergrund erneut ein Netz von Parteien (ausgenommen die kommunistische, die nie aufgehört hatte zu existieren), die von ihren ausländischen Zentralen in Moskau, Paris, Prag oder in Toulouse geprägt und gelenkt wurden. Und vor allem im Körper des Regimes selbst begann es zu rumoren. Hier und da trat vorsichtig einer der alten Männer auf und streckte die Fühler nach dem in der EWG prosperierenden Europa aus. Das Leichentuch bewegte sich.

Was tut in einem solchen Falle die europäische demokratische und antifaschistische Linke? Sie beruft einen »Kongreß für die Freiheit Spaniens« ein: um zu zeigen, daß sie verstanden hat und bereit ist, Hilfe zu gewähren. Wo findet der Kongreß statt? In Rom, zum Beispiel. Und um ihn vorzubereiten, schickt man jemanden nach Spanien, der dort Vorschläge sammeln, sich informieren und Kontakte herstellen soll, ohne aufzufallen, eine Frau mittleren Alters zum Beispiel, eine Touristin, die mit dem Rudel zur Semana Santa ** einreist, den *Guide Bleu* im Gepäck, und die bedachtsam den gerühmten Routen folgt: Barcelona, Madrid, Tolédo, Sevilla und, wenn Zeit und Geld ausreichen, Granada und Málaga; die dann in den Norden fährt, bis nach San Sebastián hinauf, weil sie plötzlich Lust bekommen hat, über Paris heimzukehren. Dieses Wesen, so unsichtbar wie bei Poe der Brief auf dem Kamin, sollte ich sein.

Ich weiß nicht, warum sie ausgerechnet auf mich verfallen waren in dem Schattenkomitee für die Freiheit Spaniens, das jeweils bei Todesfällen oder Verhaftungen von politischen Oppositionellen

---

* Informationsminister unter Franco, heute Führer der rechtskonservativen »Alianza Popular«. *A. d. Ü.*

** Karwoche, die mit Festen und Umzügen begangen wird, wobei sich katholische Traditionen mit solchen der Volkskultur mischen. *A. d. Ü.*

zusammentrat, um öffentlich Protest einzulegen, ein Komitee, in dem, eingedenk einstiger gemeinsamer Kämpfe, noch ein gewisser antifaschistischer Konsens herrschte. Später hat die KPdSU die italienischen Genossen – die, wie man in Moskau meinte, ebenso viele schöne wie leichtsinnige Vorhaben verfolgten – wissen lassen, es sei unvorsichtig gewesen, für die Reise ins Innere der spanischen Diktatur jemanden zu wählen, der Mitglied des Zentralkomitees war; kein Genosse dieses Ranges hatte nach 1939 seinen Fuß dorthin gesetzt. Doch die Italiener kannten sich in ihren Breitengraden aus; die Erfahrung hatte sie gelehrt, daß vor südländischen Polizeiapparaten die unvermummte Selbstverständlichkeit der beste Winkelzug ist. Ich sollte also mit meinem ordentlichen Reisepaß, der meinen bizarren Namen auswies, nach Spanien einreisen und dann selbst weitersehen: mich nicht erwischen lassen, vor allem die anderen, die Parteiführer, die ich aufsuchen würde, nicht bloßstellen; mich von Verständigkeit und Vernunft leiten lassen, so wie Schwarzer Wolf Archie es empfiehlt.

Wie sich herausstellen sollte, hatten sie damit recht. Ich wurde nicht ertappt. Doch verhehle ich nicht, daß mich durch diesen langen Monat in Spanien die Angst begleitete, eine zunehmend undurchdringlichere Angst, wahrscheinlich der direkte Reflex der Ungreifbarkeit dessen, wonach ich suchte. Noch heute weiß ich nicht, ob ich auf meinem Zick-Zack-Weg beobachtet wurde. Irgendwann und für ein paar Augenblicke muß ich wohl eine Spur gezogen haben, denn wenige Monate später wurde Maria Antonietta Macciocchi, als sie gerade aus Paris in Madrid angekommen war, festgenommen. Man beschuldigte sie, im Winter das Land bereist zu haben, um Streiks in Asturien anzuzetteln. Sie war niemals zuvor in Spanien gewesen. Ich las die Nachricht in der *Unità,* die mit der gebührenden Entrüstung berichtete; ich reagierte nicht, stellte lediglich für mich fest, daß sie Kenntnis erlangt haben mußten von einer Italienerin mittleren Alters, die vor geraumer Zeit zwischen Hell und Dunkel in ihrem Land umhergespenstert war.

So hat es angefangen. Ich erinnere mich – zugegeben: mit einiger Mühe, denn der Fluß der vergangenen Ereignisse versandet allmählich – an einen Februarnachmittag in Rom in der via delle Botteghe Oscure *, im Büro von Mario Alicata, das dann eines Ta-

* Sitz des Zentralkomitees der KPI. *A. d. Ü.*

ges meines werden sollte. Während ich ihm gegenübersaß, beobachtete ich im Fenster hinter seinem Rücken einen scharlachroten Sonnenuntergang und fragte mich, warum er den Stuhl so gestellt hatte, daß diese zehrenden Bilder ihm entgingen. Ein Jahr später – ja, wenn ich es recht bedenke, nur ein Jahr später – hatte ich Stuhl und Schreibtisch umgedreht, und für vier Jahre sollte ich während der Gespräche mit den Genossen meinen Blick über die Dächer der Stadt und über die glühende Silhouette des Kapitols schweifen lassen, wenn die fast immer vollkommenen römischen Abende anbrachen.

Damals erläuterte mir Mario in der ihm eigentümlichen freundschaftlichen und zugleich feierlichen Manier (eine Aufforderung, ihn nicht für leicht zu befinden), daß jemand gebraucht werde, um in Spanien die zerschlissenen Kontakte mit den Oppositionellen zu festigen, und er fragte mich, ob ich dazu bereit wäre. Es sei eine Ehre, fügte er hinzu, für diese Mission auserwählt zu werden. Vielleicht gebrauchte er nicht das Wort Mission, aber dies war die Tonlage. Als Mailänderin, der das meridionale Pathos fremd ist, war ich nicht sehr empfänglich für derlei gravitätische Rhetorik, und im übrigen galten meine Gedanken damals ganz anderen Dingen, ich war weit mehr besorgt über die Zustände in Italien als über die Entwicklung in Spanien. Ich glaube, ich habe »Ja, natürlich« geantwortet, ohne Begeisterung. »Allerdings«, gab ich zu bedenken, »über Spanien weiß ich nichts.« – »Macht nichts. Federico wird dir alles erklären. Kennst du Federico?« – »Nein.« – »Also wirst du zuerst nach Paris fahren müssen, und Teresa bringt dich zu Federico. Kennst du Teresa Azcárate?« – »Ja.« – »Fahre sobald wie möglich. Es ist jetzt der richtige Zeitpunkt. Sie sind gerade dabei, eine antifaschistische Front aufzubauen. Aber du weißt ja, wie unsere Genossen dort sind: Sektierer. Und die Opposition ist zerstritten. Du kontaktierst die Leute, bringst sie zusammen.« – »Ist gut, ich reise, sobald die Formalitäten erledigt sind.« – »Meinst du, daß jemand aus deiner Verwandtschaft dagegen sein wird?« Das war der erste Hinweis auf ein mögliches Risiko. (Meine Mutter, die einzige, der ich nichts davon hätte sagen dürfen, war tot.) Ich stand auf, verabschiedete mich von Mario. Ein Stockwerk tiefer, im Büro für Auswärtiges einigten wir uns rasch, daß ich meinen regulären Paß benutzen sollte und daß, falls mir etwas zustieße, sie eingreifen würden. Eine vage Zusicherung, kein Trost.

Ich kehrte nach Mailand zurück. Nur wenige informierte ich über das, was ich vorhatte, und von diesen wenigen machte keiner Einwände. Nur einer schaute mich an mit einem Blick, der uns seit Jahren wehtut und der bedeutet: »Du machst ja doch, was du willst, was immer man dir sagt.« Wenn er es bloß ausgesprochen hätte ... In jenen Tagen lernte ich eine Empfindung kennen, die mich später häufig befallen sollte: daß man selber nicht den Ausschlag gibt, sondern ersetzbar ist; daß einen niemals jemand beim Arm packt und zurückhält; daß es gar nicht nötig ist, sich mit Sanftmut und Argumenten loszuwinden, sich und die anderen zu überzeugen, bevor man, leidend und Leiden schaffend, aufbricht. Man kann jederzeit fortgehen, und es ist ganz leicht: ein Händedruck, ein Schritt aus dem Gestrüpp.

Ich behaupte nicht, daß ich diese Prüfung mit Eleganz bestanden hätte. Als Alberto Malagugini mich in den Tagen vor der Abreise warnte: »Verdammt, wenn sie dich erwischen, sind das fünfundzwanzig Jahre«, antwortete ich zwar: »Ach, laß nur, sie brächten mich an die Grenze zurück«, aber ich forschte insgeheim in seinem Gesicht nach einem Anzeichen für Besorgnis. Niemand war beunruhigt. Das war eine gute Lektion. Und tatsächlich, seitdem habe ich dazugelernt. Schließlich ignorierte ich meine innere Unruhe und schickte mich darein, Geheimagentin zu werden.

Wie macht man das? Die KPI verfügte nicht über ein Agentenbüro. In Rom hatten sie mir lediglich geraten, alle Daten auswendig zu lernen: niemals Notizen, keine Namen, keine Telefonnummer, nichts Schriftliches. Mit Hilfe eines Reisebüros machte ich mich mit den hauptsächlichen touristischen Routen vertraut. Dann freilich brachte ein Zufall den Plan durcheinander. Im Polizeipräsidium lief ich, meinen Reisepaß in der Hand, dem Leiter der Politischen Polizei, Dr. Bonaventura Provenza, in die Arme. Wir waren alte Feinde. »Liebe gnädige Frau, wo fahren wir denn hin?« – »Wir fahren nach Frankreich, Dr. Provenza.« Er erkundigte sich weder nach dem Zielort noch nach dem Zeitpunkt, aber er registrierte sorgfältig meine Auskunft. Die Täuschung war unerläßlich gewesen. Ich würde also die Route wechseln: nach Nizza und dann mit dem Flugzeug nach Barcelona. Wenn sie mir folgten, würde es ihnen nichts nützen. Doch die geringste Verdächtigung an der Grenze – ich hatte erst kürzlich meinen Paß zurückbekommen – konnte Folgen haben. Es war, immerhin, eine Warnung. Ich machte also die Reservierungen rückgängig und beschloß, mich in Etappen fortzubewegen, niemandem zu sagen, wohin ich fuhr und woher ich kam. Ist das nicht lächerlich? Es ist

lächerlich. Die Illegalität ist entweder gefährlich oder lächerlich. Das Bewußtsein dieser Zweideutigkeit störte mich und sollte mich bis zu meiner Heimkehr nicht mehr verlassen.
Zunächst kaufte ich eine Grammatik und den *Guide Bleu* und suchte Leute auf, die über Spanien Bescheid wußten. Zum Beispiel Francesco Scotti, den schneidigen Kommandanten. »Ach«, riet er mir, »lies den Brenan.« Ich las den Brenan, ich las alles, was mir unter die Finger kam. Doch ich erfuhr nicht mehr, als ich ohnehin schon wußte von diesem Spanien, wie ich es mir ausgemalt hatte: rot, republikanisch, besiegt, untergetaucht im Alp des Bürgerkriegs, »los cuatros generales« und Guernica. Die Bücher, die ich befragt hatte, waren zwar zuverlässig und gut dokumentiert, soweit es die Vergangenheit betraf, aber die Konturen des Landes heute blieben abstrakt und unfaßbar. Ein Reiseführer von Manuel Tuñon de Lara orakelte zwischen den Zeilen und Bildern: südländische Frauen mit zum Himmel gereckten Armen, finstere Ehemänner, Ansichten einer steinigen Erde mit dem obligatorischen Olivenbaum, gekrümmt vor Wolkenbänken. Ich mußte Federico aufsuchen, er würde mir alles erklären.
Um ihn zu treffen, mußte ich nach Paris. »Es gibt da ein entzückendes Hotel in der rue des Saints Pères«, schmeichelte mir Teresa, als müsse sie meine unausgesprochenen Widerstände mit der Vorspiegelung einer Vergnügungsreise überwinden. »Und dann wirst du in Madrid die *tertulias* erleben, die Tafelrunden der Intellektuellen. Du wirst schon sehen, wie geistreich sie sind, und was für einen Empfang sie dir bereiten werden.«
Es war, wie sich erwies, nicht nötig, nach Paris zu fahren, weil Federico nach Italien kam: inkognito, ein Schriftsteller unter Schriftstellern, die die Europäische Kulturgemeinschaft, der Giancarlo Vigorelli vorstand, zu einem Kongreß nach Florenz gerufen hatte. Es genügte also, wenn ich nach Florenz fuhr. Dort würde ich eine klare Vorstellung davon bekommen, wie Spanien ist, was mich erwartete und was ich tun sollte. Von Federico würde ich es erfahren.

2. Federico

In diesem Kapitel begebe ich mich auf die Suche nach Federico Sánchez.*

Nun gut, Federico, der den Schlüssel zu jenem Spanien in den Händen hielt, in dem ich meine Fäden spinnen sollte, war in Florenz auf einem Schriftsteller-Kongreß. Unter den Teilnehmern sollte ich einige Franco-Gegner finden, die zum ersten Mal legal ausgereist waren und die mir auf meiner Reise behilflich sein konnten. Damals wußte ich aus Andeutungen von Alicata und Teresa, daß Federico in der Emigration lebte (Teresa hatte mit dem ihr eigentümlichen Heißhunger auf alles Spanische hinzugesetzt: »Wenn du wüßtest, welchen Namen er trägt«, und hatte dann innegehalten wie vor einem riesigen Tabu, so als hätte sie die Regeln der Illegalität verletzt). Aber ich glaubte zu verstehen, daß Federico zwischen Paris, Madrid und Barcelona hin- und herpendelte. Wenn sie es also nötig hatten, folgerte ich, jemanden wie mich von außen einzuschleusen, dann konnte das nur bedeuten, daß es für die Kommunisten im Lande überaus schwierig war, das, was von der demokratischen Opposition noch übrig oder neu im Entstehen begriffen war, zu einem gemeinsamen oder wenigstens koordinierten Appell zusammenzuschließen. Man brauchte jemanden, der von den Schwären der Vergangenheit nicht betroffen oder versehrt, der weder Fisch noch Fleisch war, jemanden, der zwar Mitglied der Kommunistischen Partei, aber eine Frau und Italienerin war, was zwei wichtige Korrekturen am Bild des Kommunisten sind (mit dem man sich auf kein Gespräch einläßt); überdies jemanden, der nicht im Namen seiner Partei, sondern eines demokratischen Komitees auftrat, wie ich es gewissenhaft tat, nachdem ich überall um Rat gefragt hatte. (Aldo Garosci war besonders verschlossen gewesen und hatte mich mit Empfehlungen verabschiedet, die allesamt klangen wie: »Ihr Kommunisten, fangt bitte nicht schon wieder an.«)

---

* Pseudonym des Schriftstellers Jorge Semprún, der seit dem Spanischen Bürgerkrieg in Frankreich lebt und 1943 als französischer Widerstandskämpfer in das Konzentrationslager Buchenwald deportiert worden war. *A. d. Ü.*

Im Grunde faszinierte es mich, unter erschwerten Bedingungen noch einmal zu versuchen, worum ich mich nach 1948 bemüht hatte, als die antifaschistische Opposition, die in ihren Spitzen schon im Vorjahr erschüttert worden war, mit der Niederlage der Volksfront ein schweres Trauma erlitten hatte. Das Ergebnis war ein Anfall von Sektiererei in der KPI: Zu einem Zeitpunkt, da wir nichts dringlicher benötigten als Freunde, ließen wir uns vom Kalten Krieg und von den letzten Omnipotenzphantasien des alten Stalin zu schwachsinnigen Verhaltensweisen verleiten, zu anmaßender Besserwisserei gegenüber jedem, der nicht unsere Auffassungen teilte oder nicht der »Parteilinie« folgte. *Partinost* nannte es Schdanow: vorschriftsmäßig. Und *Partinost* meinte nicht bloß Treue, es bezeichnete die »historische Notwendigkeit«, zu denken wie die Führung, die ihrerseits gehalten war, wie die Führung der UdSSR zu denken. Togliatti wand sich, die KPI war auf Schdanow-Kurs, teils eisern, teils widerwillig und mürrisch. Aber das ist eine ganz andere Geschichte, an die ich hier nur beiläufig erinnere, weil ich nach 1949 zu denen gehörte, die zum Scherben-Einsammeln eingeteilt waren. Das hieß, für die in die Ecke gedrängten Kommunisten wieder Boden zu gewinnen; die anderen davon zu überzeugen, daß Kommunisten denkende Wesen waren, und der großen Verdrossenheit zu wehren (die Kommunisten dachten durchaus, doch sie hielten sich in diesem Punkt für überaus privilegiert); den Sozialisten zu versichern, daß sie nicht gefressen werden würden; den Unabhängigen klarzumachen, daß wir zwar miserable Manieren und verrottete Verbündete hatten, daß aber die Democrazia Cristiana unser gemeinsamer Gegner war.
Dieser strategische Versuch war, unter Mühen, geglückt, und im Laufe der fünfziger Jahre, ja, genau als das Jahr 1956 ihm ein Ende zu setzen schien, war die italienische Debatte wiedereröffnet. Die KPI beging 1956 weniger Fehler als 1948; 1962 war, zum ersten Mal seit 1947, der Zentralismus in eine Krise geraten, die Democrazia Cristiana erbebte, es roch nach Veränderung; doch ich mißtraute den Indizien.
So deutete ich denn den Zustand Spaniens zunächst in Analogie zu unserer eigenen Lage von 1949, mit einigen Abweichungen: die Bitternis der Uneinigkeit durch das Blutvergießen noch verstärkt, die Risse tiefer, das Schweigen kompakter. Dennoch, die Zeit war inzwischen weitergegangen, mußte sich auch über den Wunden geschlossen haben. Und hatten nicht die Franco-Gegner, mehr

noch als wir, einen gemeinsamen Kontrahenten? Das Gespräch wiederaufzunehmen konnte nicht aussichtslos sein. Was Federico und seine Freunde mir erklären mußten, waren Rahmen, Personal und Scharniere einer im übrigen voraussehbaren Fabel.
Es fing damit an, daß alles schiefging. An dem Tag, an dem ich Federico in Florenz treffen sollte, ging in Mailand das »Haus der Kultur« in Flammen auf. Und was das Feuer nicht zugrunde richtete, das besorgten die Feuerwehrleute. Bis zu den Knieen im Wasser watend, die Arme vollbepackt mit Akten, sah ich diese wackeren Helfer unsere wertvollen Glasschränke zertrümmern. Ich bestieg den Zug nach Florenz, nachdem ich den letzten Wassereimer beiseitegestellt und ein letztes Mal den triefenden Putzlappen über der grauen Pfütze ausgewrungen hatte, die am Fuß der Treppe stand. Als ich die Türen abschloß, war mir klar, daß wir wieder von neuem beginnen mußten.
Mit einigen Tagen Verspätung traf ich in Florenz ein. In einem Telegramm hatte ich gebeten, daß man mich im Hotel erwarten möge. Im Hotel erwartete mich niemand. Ich ging also zum Palazzo Vecchio, wo der Schriftsteller-Kongreß stattfand. Ein grauer Mann hielt eine graue Rede in einem Saal, in dem von antifaschistischer Leidenschaft und von Einigkeitsschauern so viel zu spüren war wie in einem Aquarium. Federico? Federico war unterwegs, Florenz zu besichtigen. Ich wartete zwei, drei Stunden. Zum Mittagessen schließlich, aber spät, wie in Spanien üblich, erschien Federico in seinem Regenmantel, hager und kalt.
»Ella te estaba buscando«, schnatterte Antonello. »Ella me encuentro«, antwortete ich eisig. Nicht ein Wort der Entschuldigung. »Wir müssen miteinander reden. Wo können wir das ungestört tun?« Federico hatte keine Eile damit. Es war, als sähe er mich gar nicht. »Jetzt gehen wir essen. Komm mit uns.« Und ich ging mit ihnen: Castellet (ach ja, *Die Stunde des Lesers*), López Salinas, Goytisolo und einige andere mehr, samt ihren kleinen Ehefrauen mit den singenden Stimmen. Der Wind hatte die Straßen leergefegt. Was für eine Kälte, was für eine Kälte. »Gehen wir dorthin, wo es die guten Tortellini gibt.«
Bei Tisch saß Federico am einen Ende, ich am anderen. Ein Gespräch mit ihm zu führen war ausgeschlossen. Ich kam mir deplaziert vor, war unschlüssig, worüber ich reden sollte und mit wem. Sie beschäftigten sich hingebungsvoll mit Literatur und mit Essen, wahrscheinlich den einzigen Gegenständen, die sie wirklich interessierten. Jedesmal, wenn ich mich von fernher meinem

Thema zu nähern versuchte, antwortete mir Castellet mit ausgesuchter Höflichkeit, aber aus großer Distanz. Nach zwei Stunden erhob ich mich und fuhr Federico mit Parteistimme an: »Wir müssen gehen.«
Im Hotel, in der überfüllten Halle, wo wir uns schließlich, an den Rändern des Lärms, in zwei Sesseln niedergelassen hatten, fragte ich ihn: »Nun?« – »Du bist die, die hinunterfährt? Wahrscheinlich ist es das Beste, du fängst in Barcelona an.« Und er nannte mir einen Namen. »Dann fährst du nach Madrid.« Und er nannte mir einen weiteren Namen. Schweigen. Als ich nach einer Weile, der wortlosen Blickwechsel überdrüssig, aufstand, hatte ich Mühe, meine Wut zu zügeln. Ich war damals stolz darauf, sogar Steine zum Reden bringen zu können; aber Federico schwieg beharrlich. Ich beschrieb ihm meine Mutmaßungen über das, was mich in Spanien erwartete. Er schaute mich an, als sei ich ein Monstrum, dem Einhalt zu gebieten ihn lediglich die Umstände und die guten Sitten hinderten; unbeteiligt, abweisend. »Wahrscheinlich ist das alles völlig falsch.« Kein Einspruch. Statt dessen eine rüpelhafte Stille.
Inzwischen war mir klar geworden, daß er entweder an dieser sogenannten Mission kein Interesse hatte oder nicht einverstanden war mit deren Ausführung, die andere geplant hatten, oder daß er nicht willens war, in einer derartig prekären Angelegenheit einer Frau auf die Sprünge zu helfen. Er würde nicht reden. Als dann die anderen Schriftsteller hinzukamen, trat ich auf einen von ihnen zu, dessen Namen mir Federico genannt hatte: »Ich bin also demnächst in Barcelona.« – »Wann immer Sie wollen«, antwortete er ruhig. »Rufen Sie mich an. Nicht vom Hotel aus.«
Wenige Tage später sollte meine Reise ins Ungewisse beginnen. In meiner Verzweiflung machte ich, nach Mailand zurückgekehrt, einen letzten Versuch, einen Pfad ins Dickicht zu schlagen, einen Versuch, der sich nachmals als mein einziger intelligenter Einfall herausstellen sollte. In Madrid war in jenen Wochen viel die Rede von einem Stabilisierungsplan, die Regierung hatte gewechselt, der Eisgang in den Herrschaftsstrukturen schien einzusetzen. Die neue Strömung ging aus von der Allianz zwischen Banken und Agrarwirtschaft, die Franco gestützt und das Land, jenseits und vor seiner kapitalistischen Entwicklung, stummgehalten hatte. Warum also, dachte ich, nicht die verdeckten Kommunikationsbahnen, den Kode dieser Bourgeoisie nutzen?
Ich besuchte Raffaele Mattioli, Bankier unter Bankiers, zu dessen

überheiztem, mit Folianten und wertvollen Kunstgegenständen vollgestelltem Büro ich Zugang hatte unter der Bedingung, nicht zu oft von diesem Privileg Gebrauch zu machen. Don Raffaele brütet, wann immer die Kreditgeschäfte ihm dies erlauben, über irgendwelchen bibliophilen Kostbarkeiten oder frönt, wenn die fiskalpolitischen Transaktionen ihm die Muße dazu lassen, seinen editorischen Obsessionen. »Ich komme zu Ihnen, weil ich für einige Tage nach Spanien fahre. Bitte, sagen Sie mir, ob ich einen Ihrer Freunde dort aufsuchen darf. Ich möchte Genaueres über den Stabilisierungsplan erfahren.« Er kneift die blauen Augen zu wie ein Kater. Dann schimpft er los: »Zu diesem Trottel Don Epifanio kann ich dich nicht schicken!« Und er zählt gleich eine ganze Liste illustrer Spanier auf, einen Katalog von Schwachköpfen, die mir zu empfehlen völlig unnütz sei. Ich habe verstanden und wechsle das Thema. Er schweigt. Nach einer Weile sagt er: »Sobald du in Madrid bist, könntest du mir einen Gefallen erweisen. Bitte gehe in die Akademie und lasse auf meinen Namen« – und er reicht mir eine Visitenkarte herüber – »die ersten Bände des Historischen Wörterbuchs der spanischen Sprache vormerken. Das ist solide Arbeit.« Die Visitenkarte ... Fände man sie in einer für mich heiklen Situation zwischen meinen Papieren, würden sie es sich zweimal überlegen, mich festzusetzen. Aber ich habe diese Leute alle satt. »Danke, die Visitenkarte brauche ich nicht. Ich werde Ihnen den Band mitbringen, wenn er nicht gerade ein Vermögen kostet.«

Ich ging. Als ich an der Tür stand, rief er mir freundlich nach: »Keine Unvorsichtigkeiten, nicht wahr?« – »Darf man Ihrer Meinung nach in Spanien keine Museen mehr besichtigen?« Ciao, ciao, exit Rossana. Ich reiste ab ohne stichhaltige Information, ohne Schutzbrief, ohne Netz.

Frühmorgens fuhr ich los. In Nizza buchte ich telefonisch vom Bahnhof aus bei der SAS nach Barcelona. Am Flughafen, der aussah wie die Halle eines Hotels am Meer, mußte ich eine Stunde warten. Drüben kauerte Spanien im Mantel der Dunkelheit. Ich schrieb an Giancarlo: »Ihr bewegt euch auf das Centro Sinistra zu, und ich, die ich nicht an diese Lösung glaube, bin auf dem Weg nach Spanien wie ein englischer Tourist auf Pilgerfahrt zu den Stätten der Revolution. Träfe es zu, daß sich etwas regt, müßte ich umkehren. Es wird nicht der Fall sein. Wir tun sinnlose Dinge.« Ich kaufte eine Briefmarke und steckte den Brief ein. Eine düstere Phantasmagorie bedrängte mich: Vielleicht war dies mein letzter Brief, bevor ich, eingefangen, fünfundzwanzig Jahre in den Kerkern Francos verbringen würde? (Und man sammelte Unterschriften für mich, endlich einmal.) Unsinn. Während ich zum Abflugsteig hinunterging, begegnete ich an einer Biegung im ersten Stock plötzlich meinem Spiegelbild: Weder groß noch klein, weder alt noch jung, weder häßlich noch schön, weder reich noch arm, weder blond noch braun – trüge ich da nicht das Mal im Gesicht, wäre ich wie geschaffen dafür, nicht aufzufallen. Aller Welt ausreichend ähnlich und zugleich unähnlich, um davonzukommen: die perfekte Geheimagentin. Und ich wäre es zufrieden. Doch genug der Camouflagen. Sehen wir zu, was es mit diesem Spanien auf sich hat.

3. Das grüne Paradies

Dieses Kapitel handelt davon, daß Städte nicht weniger unberechenbar sind als Personen.

Immer wenn ich über Spanien flog, hat mich die Herbheit seiner Natur aufs neue überrascht. Da gibt es die fortgeträumten Metaphern der Gedichte García Lorcas. Im Unbewußten, wo sich die ersten Eindrücke festsetzen – der verstohlene Blick auf die Illustrierte, in der die Erwachsenen blättern –, hält sich das Bild von einem weichen Spanien, grün und überquellend von Orangenhainen und Rosen. Als jedoch das Flugzeug, vollbesetzt mit Schweden in Semana-Santa-Laune, von Nizza gegen Südwesten zog, kam mir im klaren Märzlicht die hohe Wand der Pyrenäenkette entgegen, die steil, finster und steinig vor dem Meer abbricht, saumlos, ohne Buchten. Diese schwere, im Innern wie Terracotta blutige Landschaft ist die strengste, die ich kenne. Jedenfalls erscheint sie mir so. Eine Widerlegung der Vor-Gefühle und Vor-Urteile, ein Fragezeichen, ein Akrostichon.

Hinter diesen breiten Kuppen lag also Spanien, das gegenwärtige Spanien. Das von gestern, von 1934, war minuziös in dem Buch verzeichnet, das ich in den Händen hielt. Ich hatte es mitgenommen, weil ich annahm, daß ich ab und zu Fragen haben würde an dieses Fresko, das eine lange Parenthese unterbrochen hatte, wie in Italien nach 1945. Aber mit welchem Maßstab sollte ich wirklich messen, was mir bevorstand? Von 1934 bis 1962 ist eine lange Zeit. Es wird sich alles verändert haben. Ich klappte das Buch zu, als die Maschine aufsetzte: Barcelona. Es galt, sich umzuschauen.

Neugierig und orientierungslos betrat ich das Land, rätselnd, als müsse jedes Ding eine geheime Bedeutung haben: die Unordnung des Flughafens, die Standarte der Guardia Civil, die Puppen mit Volant, Mantilla und Fächer im Schaufenster des Duty-Free-Shop, der Autobus mit den zerscheuerten Sitzen und die staubige Szenerie der Vorstadt, die Reklametafeln ebenso wie die Baracken. Eine von Entbehrung und Armut gezeichnete Stadt.

Vor zwei Jahren, als ich abermals in Barcelona war (seit 1962 war ich nicht mehr dortgewesen), habe ich mich ähnlich begierig umgeschaut – um meine Erinnerungen bestätigt zu finden. Aber sie bestätigten sich nicht. Heute prahlt Barcelona vom Flughafen bis ins Zentrum – wie Mailand – mit hohen Wohnblocks und Chromstahl im abendlichen Zwielicht. Die Straßen von damals mit ihren bunt zusammengewürfelten Schaufensterauslagen und ihren abgetretenen, verschmutzten Bürgersteigen gibt es nicht mehr. Und nach dem alten, plüschdumpfen Hotel, in dem ich, durch den verheerenden Wechselkurs der Peseta wohlhabend geworden, 1962 abgestiegen war, habe ich erst gar nicht gesucht, ich befürchtete, daß es ebenfalls verschwunden sein könnte. Das Barcelona meiner Erinnerung ist anders, als ich es mir 1962 vorgestellt hatte, und anders, als ich es nach dem Tode Francos wiederfand. Und doch haben sich mir die Wege, die ich in jenen ersten Tagen ging, ins Gedächtnis geprägt. Ich mußte die Dinge sprechen lassen, da ich niemanden hatte, der mit mir gesprochen hätte, und sie sandten mir ein seltsames Signal von Alter und Abnutzung, doch ungenau, wie aus dem Schlaf. Die letzten Auftritte des italienischen Faschismus waren lärmend und vulgär gewesen, hier gab es keine pathetischen Parolen an den Mauern, weder Fotografien vom Generalissimus in den Geschäften noch Ankündigungen von Veranstaltungen, Versammlungen oder Anschläge städtischer Verordnungen. Nichts dergleichen.

Nachdem ich mein Gepäck im Hotel abgegeben hatte, rief ich, wie vereinbart, von einer Bar aus den Intellektuellen an, der mich erwartete; es war sechs Uhr. »Ich bin da.« Pause, dann ein höfliches Bedauern. Zu dumm, daß ich ausgerechnet heute angekommen sei, ein Familienfest stehe bevor. Wir könnten uns am nächsten Tag in seinem Büro treffen, am Nachmittag. Wir konnten, aber Zeit war kostbar. Er besaß für mich wichtige Adressen und Telefonnummern und kannte die Reihe der vorgesehenen Verabredungen. Ich bedankte mich, hängte ein, setzte mich an einen Tisch, brachte ungeschickt meine ersten spanischen Sätze vor, bestellte einen »jugo de naranja« und studierte den Stadtplan. Die Bar befand sich in der Nähe der Kathedrale. Kathedralen sind erholsame, besänftigende Orte. Diese freilich nicht. Durch die Seitentür geriet ich unvermittelt vor eine dunkle Wand, die mit marmornen Händen und Füßen bedeckt war; brennende Kerzen standen davor; daneben eine Gedenktafel, auf der zu lesen war, sechzehntausend Nonnen seien von den Roten ermordet worden. Die Stadt empfing mich mit der Mitteilung eines fernen Gemetzels. Fern? Während meiner ganzen Reise berichtete mir niemand davon, so als läge es erst ein paar Jahre zurück, eine kaum verheilte Verletzung. Außer den Basken ließ niemand erkennen, daß inzwischen mehr als dreißig Jahre vergangen waren, jedenfalls niemand von denen, die ich traf. Vielleicht waren das diejenigen, die nicht wahrhaben wollten, daß Zeit verstrichen war. Und wahrscheinlich hatte der Eindruck von Abnutzung, von Zweideutigkeit und Alter hier seine Wurzeln.

Von der Kathedrale ging ich zu den Ramblas. »Die Ramblas de las flores mußt du unbedingt kennenlernen«, hatten Scotti und Carmen gesagt, und ich hatte mir Stufen vorgestellt, wie auf der Piazza di Spagna, die sanft zum Meer hinabführen. Doch die Ramblas sind grau, Blumen gab es an jenem Abend keine, und das Meer war nicht zu sehen. Hinter einer Imitation der Caravelle des Christopher Columbus döste ein breiter Tümpel, ein stehendes Gewässer, nicht das Meer, zu dem die Stadt sich hinunterbeugte, sondern ein Wasser, das sich schüchtern von hinten an sie heranwagte. Barcelona, die vielgeliebte Stadt, »Vaslona«, wie meine Freunde den Namen schnell und weich aussprachen, ist in meiner Erinnerung bloß eine Anhäufung von Undurchdringlichkeiten.

Am nächsten Morgen stand ich um neun Uhr vor einem Museum. Doch um neun Uhr, so erklärte mir der Wärter hinter dem hohen Eisengitter, öffne kein Museum. »Ich bin Ausländerin und eigens hier heraufgestiegen nach Montjuic, und es regnet.« Der Wärter erbarmte sich, er schloß auf und folgte mir dann von Saal zu Saal. Bedachtsam schaltete er das Licht vor den hölzernen romanischen Christusfiguren ein und aus, die ausgehungerten Bauern glichen, wie er selbst. Vor dem Bildnis eines Engels hielt ich inne. Der Künstler zeigt ihn im Streit mit dem Dämon um den Besitz einer Seele. Ein Symbol für das gewalttätige Spanien, für die Rhetorik der Zerstückelung? Als ich das nächste Mal nach Barcelona kam, konnte ich dieses Bild nicht mehr finden, obwohl ich das Museum von oben bis unten nach ihm absuchte. Ein Vorfall wie in einem Bergman-Film. Hatte ich die Chiffre bloß geträumt?

Am Nachmittag begann ich mit der Arbeit. Ich war mit meinem Kontaktmann in einem Verlag verabredet. Er stellte mich zwanglos vor. Anscheinend wußten sie alle, warum und wozu ich hier war; doch sie erwähnten es mit keinem Wort. Mein Mittelsmann hatte für mich einige Treffen vereinbart, deutete jedoch Schwierigkeiten an. Am besten, ich käme am Abend ins Institut français, wo ein berühmter französischer Dichter einen Vortrag hielt. Dies wäre eine gute Gelegenheit, mit dem Kreis Verbindung aufzunehmen. »Mit welchem Kreis?« – »Dem Kreis derer, die andere kennen.« – »Aha, sehr gut. Können wir uns jetzt einen Moment unterhalten?« – »Vielleicht besser heute abend. Wissen Sie, hier habe ich zu arbeiten.« – »Aha, sehr gut.« Auf dem Tisch lag die neueste Nummer der *Temps Modernes.* »Die kommen hier an?« – »Im Abonnement.« – »Ich habe *Le Monde* an den Zeitungsständen gesehen.« – »Ja, aber manchmal wird sie beschlagnahmt.« – »Ich habe auch *Rocco und seine Brüder* im Kinoprogramm angekündigt gesehen.« – »Ja, aber zensiert.« Bei uns hatte der Faschismus dergleichen nicht zugelassen, nicht einmal zensiert. Spanien war anders, selbst unter der Diktatur. Wenn mich meine Erinnerung nicht trügt, gebrauchte hier keiner, mit Ausnahme der Kommunisten, jemals das Wort Faschismus. Was geschah in diesem Land? Wo konnte, wo sollte ich die Wahrheit finden, den Schlüssel zu den Hieroglyphen, die Wegweiser zur Katakombe? Ich lief wieder durch die Straßen, hungrig nach Informationen. Ich studierte die Preise, die Auslagen, die Reklamen (»A la cama con Sky-rama«, was das wohl bedeutet?), beobachtete die Leute. Die Zeichen blieben stumm.

Am Abend im Institut français dann das Essen mit Castellet, José Agustin Goytisolo und dem französischen Dichter. Drunten das Meer, in unserer Mitte große, rosa Fische auf dem Grill. Ich höre zu. José Agustin, klein, hager und feurig, neigt sich zu dem Fremden, der sich unbeeindruckt gibt, schmallippig und kühl französische Süffisanz vorführt, das Grinsen der Grande Nation angesichts der offenen Adern der Unterentwicklung.

José Agustin spricht von den Arbeitsbedingungen des Intellektuellen in der Diktatur, vom Durst nach Freiheit. Freiheit, das Volk, die erstickte Revolution, die Republik ... »Ah, le vert paradis des amours enfantines«, wirft der Franzose ein. Esprit? Unverschämtheit. Zorn erfaßt mich. Ich werde rauflustig und zücke den noch frischen, ätzenden Steckbrief: Algerien. Der Hieb sitzt. Wut lodert auf zwischen uns, blau und kalt wie die Flammen des Feuerschluckers auf der Piazza Navona. Castellet beeilt sich, die Runde aufzuheben. Er und José Agustin bleiben noch bei mir. Als wir in die Nacht hinaustreten, schreit José los: »Du bist in Spanien, du bist in Spanien! Jetzt zeig ich dir, was wir sind, was für eine Mißgeburt, was für eine Scheiße! Du hast doch nicht etwa Angst, he? Was ich dir zeigen werde, ist schrecklich. Wenn du nicht mehr kannst, bring ich dich zurück.«

Es ist wahr, der abschüssige Barrio ist schrecklich. Eine Art Cour des Miracles, obszön und deprimierend. Das torkelt auf die Straße und verharrt dort, jede Tür führt auf eine Stiege, und draußen verkauft oder verleiht man die »gomas«, Präservative. Die alten und die jungen Frauen, die alten Männer haben Gesichter wie auf den düstersten Goyas. Vergnügungsviertel sind niemals erheiternd. Ich möchte mich auf den Rinnstein setzen und weinen. Armut macht hart, aber auch eigensinnig. José Agustins Arm führt mich fort, Castellet folgt uns. In der Bodega Bohemia dann singt ein dicker, alter Mann mit den Bewegungen und der Stimme einer Frau ein Lied »für die schweizer Freundin« (»italienische, italienische«, ruft José Agustin), »die uns besuchen gekommen ist«.
Um vier Uhr früh landen José Agustin und ich allein in der Nähe meines Hotels. Sein Bruder, erzählt er mir, sei soeben aus dem Gefängnis entlassen worden. Ob ich ihn kennenlernen möchte? »Ja, gewiß.« – »Er ist Kommunist, verstehst du, wie ich.« – »Einverstanden.« – »Er ist ein begabterer Dichter als ich.« – »Gut, José Agustin, aber ich muß Politiker treffen, die den Aufruf für die Freiheit Spaniens unterzeichnen sollen. Ich habe nicht viel Zeit. Begreifst du?« Er schweigt und schaut mich an. »Willst du nicht erst sehen, wie wir sind?« Nun schweige ich. Dann antworte ich: »Ihr seid nicht bloß das.« – »Nein. Morgen sprechen wir weiter.« Wir verabreden uns für den Vormittag. Er geht. Doch bevor ich noch die Treppe zu meinem Hotel hinaufgestiegen bin, ist er mit seinen leichten Schritten zurückgekommen, umarmt mich und legt einen Augenblick seinen Kopf auf meine Schulter. Dann wiederholt er leise: »Bis Morgen.« Blitzschnell ballt er die Hand zur Faust. Und die Dunkelheit schwemmt ihn davon.

4. Die Stimmen von 1939

In diesem Kapitel wird beschrieben, wie sich die ersten Kontakte in Barcelona anspinnen.

Drunten das Meer, dessen ich überdrüssig war, droben die Abtei von Montserrat, zu der ich keinen Zutritt hatte. So blieb ich auf halber Höhe, in der Stadt, ganz und gar damit beschäftigt, mir aus den spärlichen, widerwillig gebrummten Auskünften meiner Gesprächspartner die politische Geographie Spaniens zusammenzubauen. Ich war sträflich ahnungslos, mußte mir beispielsweise erst einmal Klarheit verschaffen darüber, ob es da einen katalanischen Teil gab und ob der mit dem nicht-katalanischen etwas gemein hatte, etwa so, wie sich die Angehörigen einer händelsüchtigen Familie ähneln – der gemeinsame Streit mit dem Stammhaus stiftet Einigkeit zwischen den rivalisierenden Familienmitgliedern oder dämpft wenigstens ihre Querelen. Es gab also noch die alten politischen Gruppierungen, jetzt freilich mit autonomistischer Programmatik. Aber wie standen sie zueinander? Und wie zur Kommunistischen Partei Kataloniens, die sich indes nicht mehr so nannte, sondern Vereinigte Sozialistische Partei, obwohl sie nicht im mindesten sozialistisch war?
Immerhin wußte ich, daß die erste, vorsichtige Neuformierung der politischen Opposition unter der Diktatur sich zwischen Körperschaften abspielte, die noch sämtlich von den großen Zerreißproben gelähmt waren. Und der tiefste Graben trennte die Kommunisten von »den anderen«. Ja, die Kommunisten liefen Gefahr, selbst »die anderen« zu werden – von der ersten Zusammenkunft der Oppositionellen im Exil in Monaco waren sie ausgeschlossen geblieben. Wahrscheinlich hatte man mir deshalb geraten, in Katalonien anzufangen, weil hier, trotz allem, noch ein relativ intakter Interaktionszusammenhang im Untergrund bestand. Nicht daß es der Zweck meiner Mission gewesen wäre, dieser Tendenz zum Ausschluß der radikalen Linken entgegenzuwirken – bei den italienischen Kommunisten, ja bei allen politisch Denkenden Italiens hat stets das Gefühl vorgeherrscht, man schulde Spanien etwas: Solidarität (ein großes Wort, ich weiß, aber ein Wort, in dem seit der Französischen Revolution die Ge-

schichte zu Hause ist); und auch der Versuch damals schien mir, wiewohl plump und diffus, frei von strategischen Nebenabsichten zu sein. Die Kommunisten waren sich vermutlich der ungebrochenen Macht des Franco-Regimes besonders klar bewußt: Die Opfer der schläfrigen, aber nicht eingeschlafenen Repression kamen fast immer aus ihren Reihen, und es waren vornehmlich Kommunisten, die in den Kerkern von Burgos oder in den Zellen von Carabanchel gefangensaßen. Und nur ein Jahr später sollte sich der Haß des Regimes in der Hinrichtung Julián Grimaus * entladen: Die ganze Welt schrie auf; aber es war bereits geschehen, genau das.
Dieses Grundmuster war mir geläufig, es steckte jedoch voller Unwägbarkeiten; ich wollte es aufspüren, seine Struktur prüfen, seine Verankerung ausfindig machen. Und ich wollte nicht bloß verstehen, was die politischen Gruppen dachten, sondern auch, was sie waren, ja, ob sie überhaupt waren. In meiner Phantasie hatte ich mir ein Spanien erschaffen, das sich einerseits aus einem greifbaren gewalttätigen Regime und andererseits aus einem widerspenstigen Volk, das gleichsam in unterirdischen Kammern zirkuliert, zusammensetzte. Was mir in diesen ersten Tagen – es waren nur wenige, doch die Verwirrung und die unausgefüllten Stunden zwischen den Gesprächen dehnten sie ins Unermeßliche – entgegentrat, war, wie mir schien, nicht eine zum Verstummen gebrachte politische Gesellschaft, sondern eine, sämtlichen Indizien zufolge, unpolitische Gesellschaft: nicht geknebelt, sondern entweder sprachlos oder in fremden Sprachen redend, denn Barcelona und auch Katalonien nahmen ja nicht bloß teil, sondern waren die treibende Kraft der neuen Entwicklung, von der man mir gelegentlich andeutungsweise berichtete. Es gab also Lebendigkeit, Bewegung, mithin Konflikte, Ideen und Bündnisse hinter den Fassaden der großen Jugendstilvillen, in der Vorstadt und im Hafen. Das einzige politische Zeichen, das man mir offen vorführte, war der katalanische Nationalismus, vereinzelte rebellische Gesten, Menschen, die selbst mir, einer Ausländerin, gegenüber vorschützten, kein Kastilisch zu verstehen, und die untereinander ihre verbotene Sprache sprachen. Ich ignorierte diesen chif-

* Julián Grimau, Kommunist, war wegen angeblicher »Vergehen während des Bürgerkrieges« von einem Kriegsgericht zum Tode verurteilt und in der Nacht vom 19. zum 20. April 1963 erschossen worden. Der Prozeß gegen Grimau steht für eines der grausamsten Kapitel der Franco-Diktatur. *A. d. Ü.*

frierten Text des Widerstands, da ich am Nationalismus nichts außer Verzögerung und Irrtum wahrnahm. Ich fahndete nach dem Brennstoff der politischen Politik und den Leuten, die sie betrieben. Mit ihrer Hilfe wollte ich verstehen lernen und verstehen. Das hatte freilich niemand von mir verlangt, und bald mußte ich erkennen, daß die katalanischen Kommunisten (die, die zählten, nicht die Intellektuellen) diese meine Neugier für bedrohlich und absonderlich hielten, für ein Begehren, zu dem sie mich nicht nur nicht ermutigten, sondern das sie vielmehr behinderten. Wichtige Informationen versprach ich mir von Manuel Sacristán, Universitätsprofessor, Theoretiker und Leiter der katalanischen Sektion der Partei (dies meinte ich jedenfalls den Hinweisen, mit denen man mich abspeiste, entnehmen zu können). »Du wirst Sacristán treffen, rede mit ihm über alle Probleme.« Aber dieses Treffen, immer wieder verschoben, kam niemals zustande. War er krank? Befand er sich in Gefahr? War ich für ihn gefährlich? Ich weiß es nicht. Vermutlich wollte er mir auf verdeckte Weise, ähnlich wie Federico, ganz einfach zu verstehen geben, ich sollte meine Arbeit tun und damit basta. Dazu war ich allerdings auf die Intellektuellen angewiesen und auf das diskrete Geflecht der Kontakte. (Man hatte sich meiner freundschaftlich angenommen und wollte mir liebend gerne Barcelona mitsamt seinen Schattenzonen zeigen; man antwortete aber eher gelangweilt auf meine rigiden Fragen: Wie stark ist die Arbeiterklasse? Welche Entwicklung bahnt sich an? Wie ist die Lohnstruktur? Wie verhält sich die katalanische Hauptstadt zur kastilischen, ist es damit wie mit Mailand und Rom? Und so weiter.)
Ging ich vormittags, wie besprochen, in einen Verlag oder in eine Buchhandlung, die zu betreten nicht weiter auffällig war, so fand ich jeweils eine Nachricht vor, dieses oder jenes Café aufzusuchen; dort würde sich, früher oder später, ein Mann neben mich setzen. Und so geschah es, immer wieder. Selten sprach der Mann mich an, entweder weil er schüchtern war oder verängstigt oder gelangweilt oder weil man es ihm so vorgeschrieben hatte. (Ich gewöhnte mich rasch an den Gedanken, daß jedes Verhalten vielfältige Motivationen haben konnte, deren Entschlüsselung, wie in Träumen, mir versagt blieb.) »Qué tomas?« Er trank nervös sein Bier, begleitete mich ein Stück Wegs und verließ mich meist einige Häuserblocks von dem Ort entfernt, dessen Adresse er mir genannt hatte. Das System funktionierte, ich stopfte meinen Kopf mit Adressen voll; selten handelte es sich dabei um

Wohnungen, in der Regel um Büros, Rechtsanwaltspraxen zum Beispiel.
Einer dieser Rechtsanwälte war gleichzeitig Vorstand eines Büros für Unfallforschung. Während ich in seinem Vorzimmer wartete, studierte ich die Plakate und die Aufrufe zu Vorsicht im Straßenverkehr an den Wänden. Mit ihm sollte ich mich über zuverlässige Kontaktpersonen verständigen. Er war effizient, in Eile, aber präzis. »Also?« Zögernd begann ich, ihm meine Absichten darzulegen, trug Wünsche vor. Er hörte zu. Manchmal machte er Gegenvorschläge, stets mit einem Lächeln. Diese Ironie sollte mir in der Höhlenwelt des Widerstands noch oft begegnen, ein Lächeln über die Naivität des Uneingeweihten, eine Botschaft des Zweifels, ein Lichtreflex des Vergangenen, das nicht vergessen ist; mich brachte es in Verlegenheit. »Wollen Sie tatsächlich Herrn Cornudella aufsuchen?« Cornudella – diesen Namen hatte ich, ich gestehe es, bevor ich nach Barcelona gekommen war, nie gehört. Und wie das mit Personen ist, die zu kennen einem schlicht unterstellt wird, wagte ich kaum nachzufragen. Cornudella war Trotzkist gewesen, schien aber geduldet, ein Sonderling. Doch die POUM? Über die POUM * vernahm ich kein Wort, nicht aus Zurückhaltung, sondern wegen der blutigen Erinnerung, die wieder Gestalt annahm, sobald »jene Jahre« apostrophiert wurden: Qual und Irrtum. Wenn die Politik an den Schmerz gekettet ist, dann wird es schwierig, ihr mit Fragen beizukommen, dann expliziert sich die Geschichte nur noch in der Maske von Personen. Ich hätte mehr wissen müssen, um die getarnten Mitteilungen, die Kassiber entziffern zu können. Doch ich wußte zu wenig. Und dieses Wenigen war ich mir zu gewiß.
Herr Cornudella sprach zu mir von nichts Geringerem als von der »nationalen katalanischen Front« und vermittelte mir dabei den Eindruck, deren unbestrittener Anführer und einziger Kämpfer zu sein. Er war nicht mehr jung, ein schlichter Mann mit hohlen Wangen und einer klar umrissenen Idee im Kopf: Nachdem in Spanien das Spiel aufs neue begonnen hatte, mußte man sich wieder ins Gefängnis werfen lassen, ein Zeichen des Protests setzen. Jetzt bestand in einem solchen Falle ja die begründete Hoffnung, wieder freizukommen. Er argumentierte, als läge Spanien in Hypnose und als müßten die wenigen, die sich nicht von der Stille

* Partido Obero de Unificación Marxista: Vereinigte Marxistische Arbeiterpartei. *A. d. Ü.*

hatten übermannen lassen, für alle anderen den Wecker spielen. Er stimmte der »Konferenz für die Freiheit Spaniens« zu und verabschiedete mich, ohne mir verfängliche Fragen gestellt zu haben. Er schien mir ganz und gar von dem strategischen Plan besessen, sich in möglichst effizienter Weise ins Gefängnis zu bringen. Was mußte mit ihm geschehen sein, daß er die Rolle des Opfers usurpierte, anstatt den Geopferten ihre Würde zurückzugeben? War dies die Realität, die Wahrheit, die zu entdecken ich nach Spanien gekommen war: die Neurose als Politik, die Politik als Selbstkasteiung? Ich war ratlos.

Die Esquerra de Catalunya – so sehr katalanisch, daß sie nur in der Nationalsprache genannt werden konnte – war eine weitere jener Gruppierungen, die mir mit einem Lächeln angekündigt worden waren. Zu Unrecht. Fünfzehn Jahre später, bei den ersten Wahlen, hätte sich keiner meiner kommunistischen Freunde mehr ein solches Lächeln erlaubt. Heribert Barrera i Costa war eine der ganz wenigen Kontaktpersonen, die mich bei sich zu Hause empfingen, an einer festlich gedeckten Tafel in einem altmodisch möblierten Zimmer und inmitten seiner Familie: schöne, ernste Gesichter. Er zeigte keine Angst, genoß scheinbar eine halböffentliche Position als Dissident. Die Gesellschaft war gefesselt, jede Form des Zusammenschlusses war verboten, noch erschienen nicht die halblegalen katalanischen Zeitschriften, den einzigen Freiraum behauptete die Abtei von Montserrat. Doch diese amöbenhafte Gesellschaft, in der zwischen dem Schweigen der Regierung und dem Schweigen des Volkes ein perfektes Gleichgewicht herrschte und die darin das Exempel einer unpolitischen Gemeinschaft bildete, in der die Staatsgewalt auf Verwaltung und Kontrolle, das Individuum auf seine Privatsphäre eingeschworen ist, gestand offenbar ihren Gegnern unterschiedliche Handlungschancen zu. In Madrid erlebte ich Gil Robles * in seiner Rechtsanwaltspraxis, wie er öffentlich seinem Beruf nachging. Immerhin galt er *in spectore* als Repräsentant einer möglichen Alternative zur Diktatur des Generalissimus. Der Faschismus Francos in den frühen sechziger Jahren differenzierte durchaus – er verfolgte die Schwachen, terrorisierte diejenigen seiner Gegner, die ihm wirklich ans Leder wollten, und ließ, innerhalb bestimmter Sicher-

* José María Gil Robles y Quiñones, Befürworter eines Ständestaat-Konzepts, Repräsentant der kirchlichen und politischen Rechten seit den frühen dreißiger Jahren, ehemaliger Kriegsminister, schloß 1933 mehrere Rechtsgruppierungen zur CEDA (Confederación Española de Derechas Autónomas) zusammen. *A. d. Ü.*

heitsgrenzen, Platz für reglementierte Abweichungen. Daß die Esquerra Fuß gefaßt hatte, wußte unzweifelhaft mehr als einer meiner Gesprächspartner; daß sie nicht aktiv werden würde, bevor sich nicht eine realistische Gelegenheit bot, ebenfalls.

Von Barrera i Costa wurde ich zum ersten Mal scharf angeschossen, in der Absicht, mich »auf den Boden der Tatsachen zu stellen«, wie er es nannte. Er empfing mich überaus höflich, stimmte der Konferenz zu und erklärte dann, daß er keinerlei Hoffnung mit ihr verknüpfe. Zwar wäre es unfreundlich und daher unangebracht, die Teilnahme an den Ritualen, mit denen das demokratische Europa in regelmäßigen Abständen sein Gewissen Spanien gegenüber beruhigte, zu verweigern; aber ich müßte mir vergegenwärtigen, wie trostlos formalistisch dergleichen Veranstaltungen den Spaniern vorkämen. »Ihr habt uns vergessen, und ab und zu sagt ihr euch: Richtig, da ist ja auch noch Spanien.« – »Was heißt hier vergessen?« Ich beschrieb ihm die Schockschrunden, die der Spanische Bürgerkrieg im Bewußtsein der Italiener hinterlassen hatte. Doch an der Genealogie des italienischen Antifaschismus schien er wenig interessiert, und mit Nachdruck wies er darauf hin, daß Europa nach dem Ende des Krieges und nachdem feierlich das allgemeine Verdikt über den Faschismus verhängt worden war, sich blind stellte vor der Tatsache, daß der schrecklichste Faschismus – derjenige, der sich mit den widerwärtigsten Greueln durchgesetzt hatte – im eigenen Haus blühte und gedieh. Offiziell hatte man Spanien verdammt, inoffiziell unterhielt man enge militärische, ökonomische und Handels-Beziehungen mit ihm, inzwischen sogar im Rahmen gemeinsamer Planung. Ob ich von dem Stabilisierungsplan gehört hätte? »Gut, in dieser Sache war der Berater der Regierung Franco einer der Architekten des italienischen Centro Sinistra.« – »Nein!« – »Ja. Das sind die Tatsachen. Auf den Versammlungen werden bloß schöne Reden geschwungen. Zu eurem Glück habt ihr den Zweiten Weltkrieg gehabt. Wir hatten große Hoffnungen in diesen Krieg gesetzt.« Ich schaute ihn entgeistert an. Und doch war wahr, was er sagte. Es traf zu, daß Franco sich, da für ihn ein intelligenterer Partner als Mussolini nicht zu haben gewesen wäre, wohlweislich gehütet hatte, der »Achse« beizutreten, und daß er, indem er abseits blieb, sich von den Alliierten das Überleben erkaufte, ein Überleben, das er mit Militärbasen bezahlte, während im Innern Spaniens ein von dem weltweiten Feuer entfachter Guerillakampf weiterschwelte, der mit unerhörter Brutalität niedergehalten wurde. Noch 1949 war das Standrecht in Kraft. »Sagen Sie nicht, der Krieg sei ein Glück gewesen. Er war entsetzlich.« – »Wir sind Experten in Entsetzlichkeiten«, erwiderte er. Zögernd und in Begründungsnot erzählte ich ihm von den Konzentrationslagern und vom Schicksal der Juden. Er widersprach nicht, doch unverkennbar stand ihm auch jetzt, während er mir aufmerksam zuhörte, das heimische Massaker vor Augen, jene Flammenfront, die Stadt von Stadt, den Vater vom Sohn, den Bruder vom Bruder geschieden hatte. »Sie fragen sich, warum Spanien sich nicht rührt. Spanien ist noch gelähmt von diesem Schrecken. Bürgerkrieg, nein, nie wieder! Alles ist besser als das, sogar ein Weltkrieg, in dem, wer darin nicht umkommt, frei bleibt. Hier sind *alle* ermordet worden.« Und diesen Ermordeten schlug ich nun eine Konferenz vor. Die Ermordeten, das waren die, die sich erinnerten. Daneben gab es diejenigen, die sich an nichts erinnerten, die Nachgeborenen in einem von Projekten, Ideen, politischen Optionen leergefegten Regime, dessen Kontrollapparat allgegenwärtig war; sie rührten sich nicht, weil sie das Blut nicht gesehen hatten, obwohl es geflossen war, in Strömen. Dieses Land schien nur noch zwei Wege in die Wirklichkeit zu kennen: den Alltag (der weiterging) und die Auferstehung zu den Toten.

Als ich das Haus von Barrera i Costa verließ, hatte ich davon einiges begriffen. Fortan erschien mir die zähe Arbeit dieser Frauen und Männer in einem neuen Licht: als harte Politik auf engstem Raum (hier eine literarische Zeitschrift, da ein Gedicht, dort ein technischer Verlag), Maulwurfsarbeit. Daß sie auf uns mitunter ein wenig zerstreut wirkten, ließ sich erklären: Seit 1939 hatten sie außerhalb der Geschichte gelebt, und nach einer Weile hatten sie die Hoffnung aufgegeben, von uns wiedererkannt zu werden. Daß sie uns jetzt bisweilen fern, fremd und verdunkelt vorkamen, lag nicht an ihnen, sondern an unserem Blick auf sie. Sie spiegelten die Dunkelheit und die Entfremdung zurück, in die wir sie hatten entgleiten lassen.

5. Drei von der Anarchie

In diesem Kapitel wird beschrieben, wie die Gespräche in Barcelona zum Abschluß kommen, und daß fraglich bleibt, ob die richtigen Fragen an die richtigen Leute gestellt wurden.

In den folgenden Tagen traf ich mich mit Vertretern der restlichen politischen Gruppierungen, ausgenommen die Union Española, die Monarchisten. Ich überging sie, dummerweise, wie ich inzwischen weiß, denn sie sollten noch eine erhebliche Rolle spielen. Je gründlicher ich die Selektions- und Deutungsraster rekonstruiere, nach denen ich damals vorging, desto klarer wird mir, daß mein aufrichtiges Eingeständnis der Unwissenheit mit zwar unsichtbaren, aber sehr festen Gewißheiten und Vor-Urteilen verkoppelt war. Sie gründeten in der sturen Gleichsetzung des damaligen Spanien mit dem Italien von gestern: in der Annahme, die ganz Europa teilte, das Franco-Regime gehe seinem Ende entgegen; in der daraus abgeleiteten Überzeugung der Kommunisten, es bereite sich eine »demokratische Revolution« vor; in dem fröhlichen Glauben, mit dem Franco-Regime werde auch die Monarchie fallen. Dieses Hypothesengeflecht bestimmte meine Wahrnehmungen. Jede Frage, die ich stellte, war ein Ausdruck dieses Koordinatensystems, und folgerichtig bewegten die Antworten, die ich bekam, sich im Rahmen dieses Systems.

Kurz, die Gespräche mit den nach 1939 übriggebliebenen Gruppen verwirrten mich. Sie waren aufgeladen mit emotionalen Mitteilungen über die Vergangenheit und arm an Aufschlüssen über die Gegenwart. Einigen dieser Gruppen, die man »zentristisch« nennen könnte, verdankte ich einen Hinweis, mittels dessen sich, wie mir später aufgehen sollte, manche Schleier lüften ließen: Spanien, so argumentierten sie, müsse der EWG beitreten; die Kommunisten waren dagegen. Aber wie in Italien und danach in Portugal implizierte dieses Votum ein unausgesprochenes Einverständnis: in zweiter Linie mit Europa, in erster Linie mit einem kapitalistischen oder neokapitalistischen Entwicklungskonzept, wie es jedenfalls die antifranquistische katalanische Bourgeoisie anstrebte. Wäre ich damals mit der gerade im Entstehen begriffenen Gruppe um Jordi Pujol in Verbindung gekommen, hätte ich

davon mehr begriffen. In den damals besser organisierten Gruppen wie der Union Democratica oder der Esquerra Democratico-Cristiana besaß die Begeisterung für die EWG eher den Charakter einer Option für das »westliche Lager« als den einer wohlbedachten Wahl aufgrund einer realistischen Einschätzung der Mittel und eines bestimmten Entwicklungsprogramms.
Im übrigen schienen alle mit den Kommunisten in einem Punkt übereinzustimmen: daß Franco-Regime und Fortschritt miteinander unverträglich waren. Die Männer Francos waren »alt«. Und die einzige Gruppierung in diesem Umfeld, die eine »Modernisierung« Spaniens nach dem Vorbild Europas beabsichtigte, war das Opus Dei, ein Männerbund (streng gefügt wie der Dominikanerorden), der beträchtliches Finanz- und Industriekapital manipulierte und der alsbald in einen Skandal, den Matesa-Skandal, verwickelt werden sollte, der sämtliche vergleichbaren italienischen Affären in den Schatten stellte. Im Opus Dei, erzählte man mir, herrschte eine Art katholischer Freimaurerei; es galt das Keuschheitsgelübde, und es bestand Kapitalgemeinschaft, was, wie man zugeben muß, einigermaßen beachtlich ist.

Spanien behauptete also seine sonderbaren Züge, seine Ambivalenzen. Und ich tat mich schwer, sie in Begriffen unterzubringen. War nicht in Barcelona ganz offenkundig eine Entwicklung im Gange? So stand es jedenfalls in den Verlautbarungen der Regierung geschrieben. Waren sie falsch? Nein, aber Katalonien war ein Fall für sich, das übrige Land war arm. Hatte der Stabilisierungsplan nun funktioniert oder nicht? Der Plan war wesentlich deflationistisch. War das Nationalprodukt gestiegen? Es war in der Tat gestiegen, aber nur vorübergehend. »In Katalonien gibt es nur eine geringe Arbeitslosigkeit, nicht wahr? Ich höre von Einwanderern aus dem Rest des Landes.« – »Ja, weil der Rest noch ärmer ist. Und man zahlt Hungerlöhne.«
Professor Juan Reventós, ein Sozialist, begleitete mich zu dem Gespräch mit den Arbeitern. Er war Mitglied des Exekutivkomitees der Sozialistischen Partei Kataloniens, die unabhängig und vor allem lebendig war – die traditionsreiche Sozialistische Partei im übrigen Spanien war vom Regime nahezu ausgelöscht worden. Heute ist Reventós wohl der unbestrittene Führer der katalanischen Sozialisten; 1962 erschien er mir ebenso engagiert wie besorgt. »Er wird dich zu den Arbeitern bringen«, ließen mich die Kommunisten wissen, die sich darum kümmerten, daß ich »her-

umkam« (man erlasse es mir, hier zu erläutern, warum nicht sie mich zu den Arbeitern führten).
Als Reventós mir eines Abends vorschlug, weitere Mitglieder des Exekutivkomitees kennenzulernen, ahnte ich nicht, daß mein Weg nun endlich zu den Proletariern führen würde. Weil er mir ziemlich beunruhigt schien wegen dieser Zusammenkunft, die »außerhalb der Stadt« stattfinden sollte und zu der er mich in der Nähe meines Hotels mit dem Auto abholen wollte, hielt ich es für angebracht, mich mit einer alten Pelzjacke, die ich von meiner Mutter geerbt hatte, zu »verkleiden«. Denn was gibt es Unverdächtigeres als einen Professor, der eine befreundete Dame einlädt, mit ihm beispielsweise eine Theateraufführung zu besuchen? Als Reventós mich an jenem Abend erblickte, wirkte er fassungslos. Er öffnete die Wagentür, ich stieg ein, er ließ den Motor nicht an. »Haben Sie nicht etwas anderes anzuziehen?« stotterte er. »Ich glaube, dort, wo wir hingehen, wird man für ihre Kleidung wenig Verständnis aufbringen.« Das Blut schoß mir ins Gesicht, aus Scham. »Ja, sicher, entschuldigen Sie. Ich bin es, die nicht verstanden hat.« Ich lief zurück zum Hotel, in mein Zimmer und zog meinen Lodenmantel an. Nicht nur ungeschickt kam ich mir vor, sondern verletzend, dämlich, wenig glaubwürdig. Die Fahrt dauerte lange, wir fuhren zum Stadtrand, und Reventós beobachtete aufmerksam im Rückspiegel die Straßen hinter uns. Wir fanden die Leute vom Exekutivkomitee in einer Kneipe beim Abendessen, eine Gruppe von Arbeitern, sie saßen an Holztischen, die ein Wachstuch notdürftig bedeckte, vor weißen Schüsseln mit Bohnen und Zwiebeln, Essig und Öl. Und Brot. Und Wein. Ich gab mich ihnen, wie ich es auch Reventós gegenüber getan hatte, als Kommunistin zu erkennen. »Ist gut. Wir sind nicht die PSOE*.« – »Ich weiß.«
Wir sprachen, zuerst bedächtig, dann zunehmend aufgeräumt über das, was in Spanien geschah, allerdings unter dem Aspekt der Arbeiterinteressen: über die Löhne (»Sie sind viel niedriger als in der EWG«), über Fragen der Selbstverteidigung der Arbeiterschaft, der – auch organisatorischen – Rekonstruktion ihrer Identität. Es gab eine einzige Gewerkschaft, die offizielle; in ihr präsent zu sein oder nicht »ist ein verwickeltes Problem, das sich frühestens in ein paar Jahren lösen wird, auch weil die Machtverhältnisse von Ort zu Ort verschieden sind«.

* Partido Socialista Obrero Español: Sozialistische Arbeiterpartei Spaniens. *A. d. Ü.*

Heute ist mir klar, daß 1962 die Unruhe erheblich war: 1956 und 1957 hatte es die ersten Streiks gegeben, die Löhne waren eingefroren worden, 1959 hatte es abermals einen Streik gegeben, der »nicht so gut gelaufen war« – ein weiteres Ereignis, von dem man mir zwar eher abschätzig berichtete, aber so, als habe es erst gestern stattgefunden, und dessen Tragweite ich Elefant während meines Aufenthalts in Katalonien nicht ermaß. Im übrigen war man in Katalonien generell geneigt, die Fehler »den Spaniern« zuzuschreiben. Einige Wochen später sollte eine weitere Streikwelle, die bislang mächtigste, ausbrechen, freilich nicht überall. Ahnten sie das oder bereiteten sie sich an jenem Abend in Barcelona darauf vor? Mir schien dies nicht der Fall zu sein.
So nachdrücklich sie die Massivität einer Entwicklung, die mir offensichtlich schien, bestritten – die Daten in den Zeitschriften, die ich nachts im Hotel studierte: »alles falsch«; die Auslagen in den Geschäften: »lauter Trug« –, so unbeirrt behaupteten sie, das Vorbeben eines Volksaufstands zu vernehmen, von dem ich nichts bemerken konnte. Jedenfalls erinnere ich mich nicht, in Katalonien oder anderswo wennschon nicht einen Aufmarsch, so doch wenigstens ein Flugblatt, irgendein propagandistisches Signal des Regimes gesehen zu haben. Das Regime, das war *Abc*, war *Ya*, miese Blätter, und doch ähnelten sie eher dem *Corriere della Sera* in den schlimmen fünfziger Jahren als dem *Popolo d'Italia* in den dreißigern. Wollte man vermeiden, das Volk zu provozieren? Ein unzufriedenes Volk, ja, gewiß, sauertöpfisch, so dachte ich im stillen, und besessen von der fixen Idee, das Gewehr erst gestern abend an den Nagel gehängt zu haben. Aber in Aufruhrstimmung? Ich forschte nach Zeichen von Glut; ich befragte die Gesichter meiner Tischgenossen. Erst als ich von 1960 zu sprechen anfing, dem »heißen Sommer« und dem nicht minder »heißen Herbst« in der Elektroindustrie oder vom V. Kongreß der CGIL, schlossen sie Freundschaft mit mir. Wir begannen uns gegenseitig auszufragen. Der Wirt verriegelte das Lokal. Es wurde eine lange Nacht, warm und voller Funkenflug. Um sechs Uhr früh betrat ich unter dem verachtungsvollen Blick des Nachtportiers wieder mein Hotel.
In jener Nacht war nicht von vergangenen Zeiten die Rede, sondern von der Gegenwart. Und die Gegenwart der Arbeiter fällt stets aus dem Rahmen, so wie die Fabrik, die in der Politik niemals »zentral« ist, denn es stimmt nicht, daß sie die Bewegungen im übrigen gesellschaftlichen Terrain fokussiert, sie ist nur dessen

kritischster Ort. Was mir in diesen Repräsentanten der katalanischen Arbeiterklasse entgegentrat, war ein neues, zaghaft sich festigendes Selbstbewußtsein, das Ansprüche geltend machte, unbelastet von der Vergangenheit und ihren Gespenstern, aber auch ohne deren Mittel. Und einigermaßen isoliert. Und zweifellos bedroht. Aber die Agitation in der Fabrik ging weiter. Denn wer saß denn im Gefängnis? Die Arbeiter Hinz und Kunz. Agitiert wurde trotzdem. Das Handwerk der Klassenpolitik hatten sie nicht verlernt.

Könnte ich heute, wie in den Büchern von Wells, die Zeit zurückdrehen bis zu jenem Abend, wer weiß, welche Fragen ich stellen würde. Damals vergaß ich, angestachelt von ihrer Wißbegierde und geborgen in ihrem Wohlwollen, Katalonien – die Zustimmung zur Konferenz von Rom war bald gegeben, alle waren sich einig, meine Aufgabe hatte ich damit erfüllt – und diskutierte mit ihnen über Probleme, die mir in Italien am Herzen lagen, weil ich annahm, es seien die gleichen Probleme, die auch das betäubte Spanien im Innersten bewegten. Stand auch hier eine Wende bevor? Kehrte womöglich die Revolution im Westen auf die Tagesordnung zurück? Was konnte also eine Revolte gegen das Franco-Regime anderes bedeuten als den Sturz jenes Agrar- und Bankkapitals, das mit dem Franco-Staat doppelt verflochten war? Vielleicht war gerade hier die Situation, weil extrem prekär, besonders günstig? Sollte hier der Funke aufspringen?

Wir saßen noch immer um das Wachstischtuch herum und hatten den Wein längst getrunken, als meine neuen Freunde noch einmal auf ihre Probleme zurückkamen: Wie sich organisieren, wie kämpfen, wie höhere Löhne und gewerkschaftliche Rechte durchsetzen? Doch implizierte dies nicht den Sturz des Regimes? Und war in Spanien der Sturz des Regimes nicht das gleiche wie der des Kapitals? Unbequeme Antworten auf diese Fragen sollte ich erst in Madrid hören. Die Unterhaltung mit den Arbeitern hingegen leitete mich seltsamerweise zu den virulenten Intellektuellen-Sorgen (wie sich eine gewisse Freiheit des Lebens, Redens und Handelns sichern?) und zu den traditionellen Themen (Vergangenheit und Zukunft, Spanien und Europa, die mögliche Transformation, die Trennungen und die Allianzen) zurück.

Doch noch stand mir die quälendste Begegnung mit der Vergangenheit bevor. »Ich möchte mich mit Anarchisten treffen«, hatte

ich gebeten, »mit Leuten von der CNT*. Gibt es die hier?« – »Ja. Aber mit Kommunisten reden sie nicht.« – »Mit wem reden sie?« – »Mit niemandem.« – »Erkundigt euch, bitte, ob sie mit mir reden wollen.« In meinem holprigen Lehrbuch-Spanisch setzte ich sogar eine Nachricht auf, die vor Fehlern und lauter Verschlüsselung schlicht unverständlich sein mußte. Zwei Tage später holte man mich in einem Café, das ich beharrlich als »Café zum Mond« erinnere, obwohl ich es weder in Barcelona noch in irgend jemandes Gedächtnis unter diesem Namen jemals wieder ausfindig machen konnte, der übliche schweigsame Bote ab, der mich einem anderen Boten anvertraute, der mich seinerseits schließlich vor einem Café absetzte. An dieses Café erinnere ich mich genau, so als sei ich gestern dort gewesen: ein großer, ärmlicher Raum in L-Form, eine lange Theke, die Tischchen aus Marmor, grüne Säulchen aus Eisen, die die Decke stützten. Ich hatte Zeit, es mir anzuschauen. Dann sah ich sie, drei nicht mehr junge Männer, sehr abgezehrt, sehr streng, sehr traurig. Einer von ihnen trug eine Brille. Er sprach mich in korrektem Französisch an: »Sind Sie die italienische Freundin, die unserem Land helfen will?« – »Ja«, antwortete ich, »aber ich bin mir nicht sicher, ob ihr mit mir reden wollt. Ich bin Mitglied des Zentralkomitees der Kommunistischen Partei, auch wenn ich hier im Auftrag eines demokratischen Komitees für die Freiheit Spaniens bin.« Sie schwiegen. Nach einer Weile fragte der mit der Brille: »Wird die italienische Kommunistische Partei noch von Togliatti und Longo geleitet?« – »Ja, Togliatti ist Generalsekretär und Luigi Longo Vizesekretär der Partei.« Pause. »Wir haben keine guten Erinnerungen an Luigi Longo.« Es klang ruhig, bestimmt und höflich. Und weder ironisch noch pathetisch fuhr er fort: »Wir sind alle so hart und so nachhaltig besiegt worden, daß wir eines Tages wieder anfangen müssen, miteinander zu reden.«
Und so geschah es. Sie unterstützten die Konferenz. Doch damit hatte es nicht sein Bewenden. Wir sprachen über Spanien. Sie waren die einzigen von allen, denen ich in diesem Land begegnete, die nicht behaupteten, ihre auswärtige Führung verstünde nichts von der Gegenwart. Federica Montseny wußte, verstand und leitete, leitete die sagenhafte CNT. Sie waren die stärkste politische Kraft Spaniens gewesen, mit anderthalb oder zwei Millionen Mit-

* Confederación Nacional del Trabajo: großer Gewerkschaftsverband, zentrale Organisation des Anarcho-Syndikalismus. *A. d. Ü.*

gliedern. »Wie viele seid ihr, wollt ihr mir das verraten?« – »Wir sind fünfundachtzig.« – »Fünfundachtzig wo?« – »Fünfundachtzig insgesamt, hier in Katalonien, praktisch nur hier in Barcelona.« Die Organisation war zerstört. »Es ist sehr schwer, zu fünfundachtzig zu sein«, fügte er hinzu. »Wahrscheinlich haben wir viele Fehler begangen.« Und: »Die Jungen kommen nicht zu uns. Sie verstehen uns nicht.«

Wenige Monate später, in den Tagen der Kuba-Krise, sah ich, wie in Mailand an dem Geländer, wo Giovanni Ardizzone umgekommen war, auf dem Berg Blumen, die dort ihm zum Gedenken aufgehäuft lagen, die schwarze Fahne gehißt wurde. Nur diese Fahne wurde gehißt. Und 1968 starrte Paris vor schwarzen Fahnen, der Signatur des Anarchismus, die das lodernde Rot der traditionellen Linken mit dem Schatten uneingelöster Erfahrungsgehalte überzog. Hätten die drei aus Barcelona sich darin wiedererkannt? Ich weiß es nicht. Wir sprachen lange miteinander, bis zum Abend, doch anders, als ich mit den sozialistischen Arbeitern gesprochen hatte. Und wir sprachen von anderen Dingen, die wir gemeinsam hatten, von einer schrecklichen Vergangenheit. War das Politik? Es war das Leben von Männern, die sich bewußt waren, daß sie einen unvergleichlichen und wahrscheinlich unwiederholbaren Traum repräsentierten. Ihre Väter hatten Brände und Bomben gelegt und tatsächlich »die Paläste und Kirchen« das Fürchten gelehrt, genau hier in Barcelona, in der tragischen Woche vor fünfzig Jahren. Und vor weniger als dreißig Jahren hatten sie selbst eine »kontrollierte Revolution« auszulösen versucht, die freilich von Beginn an verloren war, da alle Gewehrläufe auf sie gerichtet gewesen waren. Jetzt befragten sie die Geschichte, rückhaltlos und ohne Ausflüchte. Wir sprachen von der Einsamkeit der Ideen, von der Auszehrung einer Gesellschaft, die keine Gegenbilder mehr zuläßt und die nicht mehr die Dialektik von Bruch und Bewahrung kennt. Das Herz wurde mir weit. Für einen kurzen Augenblick legte sich die Hand des Mannes mit der Brille auf meine, wie um mich zu trösten, eine Buchdruckerhand, knochig und intelligent, gelassen. In dieser Berührung steckte ein Appell. Und wenn die Konferenz im April in Rom überhaupt eine historische Bedeutung besaß, was ich bezweifle, dann war dieser Appell ihre einzige wirkliche Legitimation. Doch niemand maß ihm Gewicht bei. So pflegt es bisweilen mit Tragödien zu gehen, die uns bis in den Schlaf hinein verfolgten: am Morgen, im Tageslicht sind sie vergessen.

6. Xavier

In diesem Kapitel ist die Rede davon, wie es nach Madrid weiter-, aber deshalb noch lange nicht einen großen Schritt vorwärtsgeht.

»Fué un fracaso tremendo. Fracasó. Fracasó.« Der diese Worte mehrmals wiederholt, während wir rings um den Eßtisch in einer bescheidenen Madrider Wohnung sitzen, weit draußen, via Reyes Magos (die neuen Viertel hier bevorzugen religiöse Namen für ihre Straßen, so wie die Mailänder, um der Politik auszuweichen, für die ihren Botanikernamen), das ist Xavier. Xavier Pradera, der gerade aus dem Gefängnis entlassen worden ist, der auf Decknamen und Heimlichkeiten pfeift und der mir, was die Konferenz für die Freiheit Spaniens angeht, rasch und präzise Auskunft gibt, damit davon nicht mehr die Rede zu sein braucht; der aber reden will, denn er hat lange in der Sprachlosigkeit leben müssen. Federico muß ihn auf geheimen Wegen haben wissen lassen, daß ich jemand sei, mit dem man reden könne, eine von der großen KPI, in der noch, anders als in der weniger großen spanischen KP, gestritten und diskutiert werde. In der KPS herrschte ja, ihrer Illegalität wegen, aber auch unter diesem Vorwand, Ruhe. Seit dem großen »fracaso« stand fest, daß sie nicht begriffen hatte, weder vorher noch nachher. Und eben dies ist das Problem für Xavier, der ihrer Madrider Führung angehört.
Xavier ist jung, groß und kräftig, und wie viele hochgewachsene Männer geht er gebeugt. Die Haare fallen ihm ins Gesicht. Er spricht schnell, und ich kann ihm nur mit Mühe folgen. Zwar hatte ich inzwischen einige Fortschritte in diesem verflixten Kastilisch gemacht, aber gänzlich ungenügende. So übersetze ich mir »fracaso tremendo« mit »großer Lärm«. Was aber mag es bedeuten, daß die sagenhafte *huelga general pacifica* »großen Lärm« verursacht hat? Oder meint »fracaso« vielleicht das Gegenteil von Lärm: Stille? Ich schaue Gabriela, die aufrecht dasitzt, dunkelhaarig und mit schönem, klarem Profil, hilfesuchend an. Ihre Mutter ist Italienerin, und intuitiv erfaßt sie das Problem. »Eine Niederlage. Moment, wie sagt man? Eine schreckliche Niederlage, eine vernichtende Niederlage.«

La huelga also ein *fracaso*. Wann? 1959. »Guter Gott«, sage ich, »jetzt schreiben wir 1962.« – »Verstehst du denn nicht? Bis 1956 hat sich niemand gerührt, alle waren sie betäubt. Dann gab es die ersten Streiks, noch vereinzelt, nur in bestimmten Gebieten, 1955, dann 1956. Dann der große Streik von 1957.« – »Wie groß?« Und ich beginne, mich mit Vorsicht zu wappnen. – »Im ganzen werden es hunderttausend Arbeiter gewesen sein. Viele von ihnen wurden verhaftet und ins Gefängnis geworfen.«
Daraus hatte die Partei die Gewißheit gezogen, daß die Parenthese, die 1939 begonnen hatte, nun geschlossen war, daß man von vorn anfing. Der Wille zur Militanz schien in die Massen zurückgekehrt. Und langsam hatte sich der Aufruf zum Generalstreik herauskristallisiert, zum politischen Generalstreik. Im Land würden die Rolläden vor den Geschäften heruntergehen, die Züge würden stehen bleiben, die Fabriken stillstehen und das Regime würde erkennen, daß es das Volk gegen sich hatte. Hatte irgend jemand daran gezweifelt, daß alles so ablaufen würde? Wahrscheinlich mehr als einer. Waren die anderen politischen Gruppen skeptisch gewesen? Wahrscheinlich, doch sie verfügten über keine Massenbasis. Die Kommunistische Partei hat in die *huelga* von 1959 alles investiert, und sie hatte auf die Beine gebracht, was laufen konnte, was nicht in den Gefängnissen saß.
»An jenem Morgen ging ich früh aus dem Haus, um mich an der leeren, schweigenden Stadt zu erfreuen, die sich weigerte, sich zu rühren. Aber dann sah ich einen Verkäufer, der die Rolläden seines Geschäfts hochzog. Nach und nach öffneten alle Geschäfte, eins nach dem anderen, wie immer. Ich sah einen Autobus fahren, alle Autobusse fuhren. In allen Büros, in allen Fabriken wurde gearbeitet. Mit Ausnahme unserer Mitglieder, die draußen blieben, isoliert und verängstigt, nahmen die Leute die Arbeit auf. Ein paar Betriebe blieben geschlossen, gewiß, aber weniger als 1957. Wir hätten mit dem Kopf gegen die Wand rennen mögen. Wir konnten es nicht fassen. Es war eine schreckliche Niederlage.« – »Und seitdem?« – »Nichts. Die anderen sind es, die etwas unternehmen, im Rahmen des Regimes oder zu seinem Nutzen. Die Rechte unternimmt etwas, das Centro Destra. Das Gespenst eines Centro Sinistra geht um. Alle tun sie etwas, und was links von ihnen steht, schließen sie aus. Ja, der Wechsel steht heute auf der Tagesordnung, jetzt kann er auf der Tagesordnung stehen, nachdem offenbar geworden ist, daß sich die Kommunisten 1939 sämtliche Knochen gebrochen haben und daß es ihnen

in zwanzig Jahren nicht gelungen ist, sie zu flicken. Nachdem klar ist, daß sie nicht Spaniens Dolmetsch sind. Sie sind besiegt. Amen.«
»In Katalonien ist das anders«, bemerke ich. Und in Gedanken kehre ich nach Barcelona zurück, wo ich noch gestern war. Wer hat mir dort vom »fracaso« und von der *huelga* erzählt? Ich erinnere mich nicht. Vermutlich mehrere. Wahrscheinlich habe ich nicht genau zugehört. Aber wenn ich nicht richtig zugehört habe, dann deshalb, weil sich in Barcelona niemand so vor mir abgequält hat wie dieser unfrisierte Riese hier: Xavier, der sich aufreibt über einer verlorenen und nicht zurückgewonnenen Chance. Angesichts dieser Erfahrung wird mir, nachträglich, aus meinen Unterhaltungen in Katalonien die Distanz zwischen Barcelona und Madrid deutlich: Barcelonas hochmütige Unabhängigkeit, Barcelona die große Stadt, die aktive Stadt, die Stadt, die produziert und Emigranten aus dem alten Spanien aufnimmt, die dem bürokratischen, wuchernden Madrid Francos die kalte Schulter zeigt. Mailand gegen Rom. Wer ist in Katalonien Franco-Anhänger? Niemand. Die Polizei vielleicht, aber sie zählt in dieser Rechnung nicht. Katalonien ist ein anderes Land, okkupiert und mit Händen und Füßen an diesen toten Körper gefesselt, der, Pfaffen, Militär und Banken in seinen Poren, Spanien heißt, eine Monade, mit dem Appendix eines öden Agrarstaats voller Bauern, die, wie man sagt, seit der Sintflut und in alle Ewigkeit »hinter der Kirche herlaufen«, mal mit Kerzen, mal mit Knüppeln. Die katalanischen Parteien sind, mit Ausnahme der Anarchisten, keine Fraktionen der nationalen Parteien; sie sind Parteien für sich, mit eigener Nationalität, mit einer eigenen Tradition und sogar mit eigenen Namen. Sie haben keine Führungen im Ausland, mit denen sie sich herumstritten; mit den auswärtigen Zentralen unterhalten sie zwar Beziehungen, aber unter strenger Wahrung der Autonomie. Und so sind denn auch die Niederlagen der großen nationalen Apparate nicht die ihren. Barcelona hat sich zu seiner Zeit von der nationalen Verankerung losgemacht, auch was die Politik angeht. Kurzum – und wie könnte es anders sein? –, Barcelona bedeutet Modernität, Europa, Proletariat, Kultur, Picasso, Gaudí, Miró. Und Madrid, das sind Franco und sein mittelmäßiger Hofstaat in einer parasitären und dösenden Hauptstadt, das ist Carmen Polo, die sich von den Juwelieren Colliers zur Ansicht ins Haus schicken läßt und sie nicht zurückgibt. Für Madrid interessiert sich Barcelona weniger als für Paris.

Als ich aus Barcelona abreiste, waren die Koordinaten im Lot. Ich hatte alle erreicht, die ich hatte erreichen wollen, und sie waren sich einig gewesen: Sie würden einen Aufruf zur Konferenz nach Rom schicken, einen gemeinsamen Aufruf, sogar zusammen mit den Anarchisten. Es hat dann freilich doch Komplikationen gegeben. Jemand mußte interveniert haben, und die Manifeste gingen separat oder gekoppelt in Rom ein. Aber inzwischen war ich abgeflogen mit meiner Beute, den Freundschaften und den hundert brennenden Fragen, die ich nicht wirklich zu formulieren vermocht und auf die daher niemand eine Antwort gewußt hatte. Warum? Ich hatte in einer ihnen fremden Sprache gefragt, in den Termini einer längst verrotteten Politik.
Ein kleiner Lichtblick war da allerdings gewesen. Vor meiner Abreise setzte ich mich allein, wie es sich für eine Agentin geziemt, in ein Café, und José Agustin brachte mir seine letzten Gedichte, mit einer Widmung an seine Mutter: »a la que fué Julia Gay«. Luis war bei ihm, der Bruder, eben aus dem Gefängnis entlassen, bleich und aufgedunsen und ein großer Schriftsteller. Luis lächelte, war aber überaus schweigsam. Noch hielt ihn das Erlebnis der Haft in Bann, eine Erfahrung, die jemandem mitteilen zu wollen, der sie nicht teilte, gänzlich unsinnig erschien. Und sobald die Gesetze der Höflichkeit es erlaubten, verließ er uns. Da zog José Agustin, als sei es ein Geschenk für mich, ein Flugblatt, das in jenen Tagen in der Stadt zirkulierte, aus der Tasche: Ein Industrieller war gestorben, der rechte Verräter Juan March. Und sogleich ging ein Dutzend gnadenloser Verse von Hand zu Hand. »Ha muerto un caballero, de industria capitalista. [...] Mira en esta gusanera, su ultima especulación.« Verse reinen Hasses, der Leichengruß eines empörten Volkes – ich habe es freilich nie zu Gesicht bekommen. Ich habe diese Verse in einen Umschlag gesteckt und ohne Absender an eine sichere Adresse in Italien geschickt. Sie sind dort niemals angekommen.
Im Gespräch mit Xavier finde ich meine Zeit wieder, die einzige für mich lesbare, und es fällt mir auf, wie schnell ich mich in Barcelona auf eine bescheidene Zuhörerrolle eingestellt hatte: darauf, die Dinge sprechen zu lassen. Ich hatte gelernt, aus den Titeln der Neuerscheinungen in den Buchhandlungen das leise Aufbegehren einer Welt zu vernehmen, die sich von der gegenwärtigen des Regimes unterschied. Und ich hatte sowohl den Männern aus den Verlagen wie den Leuten auf der Straße und den Botschaften der Werbeplakate – »Terry me va« – viel Aufmerksamkeit ge-

schenkt. Ich mußte viele Stunden allein zubringen, und in ihnen ließ ich die Stadt sprechen. Sie war staubig, müde, nicht tot. Als jedoch die Fragen zunahmen, oder ich empfänglicher für sie wurde, hatte mich ein Unbehagen, eine Art Ermattung erfaßt und mich dazu bewogen, mich zwar nicht vom *Guide Bleu*, den ich stets ostentativ mit mir herumtrug, wohl aber von seinen suggestiven Weisungen abzunabeln. »Was halten sie von der *Sagrada Familia?* Was von den Gärten Gaudís?« Ich hielt nichts davon, weil ich mich nicht dazu hatte aufraffen können, sie mir anzuschauen. Die Leute interessierten mich mehr als die Dinge; gern hätte ich Sacristán und den Abt von Montserrat kennengelernt, doch beide waren für mich unzugänglich. Man ließ mich selbst die Dimensionen dessen ermessen, was ich nicht verstand, ein Blinder, der in ein anderes als das ihm vertraute Zimmer gerät. Dann war ich aus Barcelona entwischt, wie eine, die nicht dazugehört. Addio, Arrivederci, Dank an alle.
In Madrid komme ich an ohne Vorankündigung, nehme ein Hotel, rufe von einer Bar die auswendig gelernte Nummer an und erhalte sofort den ersten Termin. Von Xavier. In seiner Wohnung. Er empfängt mich mit einem Sturm von Fragen, radikaler als die meinen, voller Unruhe, heftiger als die meine. Barcelona ist bald abgetan – »Du hast Sacristán nicht gesehen?« –, denn Madrid zeigt Barcelona die kalte Schulter, wie Barcelona seinerseits Madrid. »Lo esencial se pasa aquí«, hat mir jedesmal derjenige Winkel Spaniens versichert, den ich gerade besuchte. Nur einen Militär habe ich Jahre danach sagen hören: »Spanien ist eins, und besser rot als zerrissen.« Fortan habe ich verstanden, daß es nicht sein kann und nicht sein darf. Danke, General.
Indessen plagt Madrid das Tertianafieber, und eingetragen hat es ihm die gleiche Sorge, die auch uns in Italien umtreibt, obwohl wir so verschieden sind, demokratisch und ohne Faschismus an der Macht: der sengende Zweifel, ob der Kapitalismus nicht unendlich viel kräftiger sei als seine politischen Formen und daher imstande, sich ihrer zu bedienen wie eines Mantels, den man, je nach Bedarf, gebraucht oder ablegt. Mancher in Italien, auch in unseren Reihen, meint, sobald die Sozialisten an die Regierung kommen, werde die demokratische Revolution einsetzen, allerdings die richtige, fortschrittliche Revolution, die dem Sozialismus sehr nahe kommt; die Democrazia Cristiana und ihr Staat könnten ja nicht ewig dauern. In Madrid war man überzeugt, daß Franco allein durch Terror und aufgrund der Rückständigkeit des

Landes sich an der Macht hielt, andernfalls wäre unweigerlich der Brand von 1936 wieder aufgelodert, der bloß erstickt, nicht gelöscht war – das wahre Spanien sei von einem schurkischen General, der die Republik tyrannisiere, verraten worden. Heute sind sie sich dieser Interpretation nicht mehr so sicher. Und die Fragen, was zu tun sei und wie, häufen sich.
Also erkundigt sich Xavier nach den Zuständen in Italien, nach den politischen Kräfteverhältnissen dort, nach den Schachzügen des italienischen Kapitals, das ebenso ineffizient scheint wie das spanische. Und so weiter und so fort. Atemlos. Am Abend sind wir beide ganz benommen, und er ruft Armando an: »Hay una chica, una chica de Italia.« Gebenedeiter Xavier, ein italienisches Mädchen nennt er mich. »Führen wir das Mädchen auf die Plaza Mayor.« Wir wandern hinunter ins alte Viertel, der weite Platz ist verlassen, rosa in der Nacht, angesteckt mit dem Geruch von Pfannkuchen, der in den Gassen steht, die in den Platz münden und aus denen wir heraustreten wie aus einem Labyrinth. Drüben, an den steilen Hängen, zergeht das Geräusch der Stadt. Ich sehe Xavier noch immer vor mir, wie er uns vorauseilt, gebeugt, debattierend, unfähig zur Ruhe. Dreizehn oder vierzehn Jahre später sollte er, inzwischen ein wenig grauer geworden, mich an einem ebenfalls windigen Tag zum Escorial und in den königlichen Friedhof begleiten: bedeutsame und minder bedeutsame Gräber, Gräber von mittlerer Größe und auf mehreren Ebenen wie eine Hochzeitstorte, für die Frauen der Cousins der Cousins der Könige, und am Ende einer Treppe ein perfektes Oktaeder aus Onyx und Gold, strahlend und prachtvoll, ein Sarkophag über dem anderen. »Hier liegen die Könige von Spanien«, höre ich Xavier sagen. »Dort ist der Platz für Juan Carlos. Keiner von ihnen ist außerhalb seines Bettes gestorben. Wir leben in einem Land, das nie einen König ermordet hat. Das erklärt alles.«

7. Begegnung mit einem Gespenst

Dieses Kapitel handelt von nächtlichen Streifzügen durch Arbeiterviertel und davon, daß tagsüber zuviel diskutiert wird.

Ich habe das Barcelona des Jahres 1962 grau in Erinnerung, und 1976 habe ich es grau, obschon mit glänzender Fassade wiedergefunden; seine Schönheit entgeht mir. Was nun Madrid anlangt, so war es mir unsympathisch, wie ein heruntergekommenes Rom, einzig in der Altstadt offenbarte es klare Linien, unerträglich war es in den großen Avenidas und Paseos, wo nachts die Neonschriften der Banken aufleuchteten, zahlloser Banken, so viele Banken wie in der Calle de Alcalá habe ich weder jemals zuvor auf einem Fleck gesehen noch mir träumen lassen. In den siebziger Jahren habe ich Madrid wiedergesehen: noch protziger, eleganter und arroganter in der City, Wohlstand im Kleinformat an der Peripherie.
Ich mag sie nicht, diese spanischen Städte. Einmal habe ich Federico beleidigt: »Spanien hat keine zivile Architektur. Und eure Kirchen gleichen euch, mit einem Block in der Mitte, dem Chor, der die klare Entfaltung der Dimensionen stört, verdunkelt und verstellt.« Die spanischen Genossen und die Spanienliebhaber werden meine Vorbehalte nicht akzeptieren; ich gestehe mein Abweichlertum ein. Ich sehe Spanien immer noch im Zeichen der Unsicherheit, der Ambivalenz und der Anstrengung von 1962. So sehr schlug ich mich damals mit mißtrauischen Fragen herum, daß ich in Madrid nur gerade einen Fuß ins Retiro setzte, einen zerstreuten Blick auf die Kirchen warf und im Prado meinen Respekt vor El Greco, den ich aus der Ferne geliebt hatte, einbüßte. Es deprimierte mich Barcelona, es deprimierte mich Madrid. Meine Erinnerung ist mit Affekten imprägniert; mein Bericht ist einseitig, er bedarf, ich weiß es, der kritischen Korrektur.
Im März 1962 erschien mir Madrid in miserabler atmosphärischer und erst recht moralischer Verfassung. Ich mußte mich entschließen, eine alte, festzementierte Vorstellung aufzugeben: die von einem Land, das wie ein Apfel in zwei wohlunterschiedene Hälften zerfällt, eine faulige faschistische – Militär, Monarchie, Banken und Großgrundbesitz – einerseits, eine unzerstörte und unzerstör-

bare andererseits, das Volk, grausam verletzt und voller Striemen, Tausende von Arbeitern, Intellektuellen und Bauern, die wie eine unaufhaltsame Welle hervorbrechen würden, sobald sich der kleinste Spalt im Machtgefüge auftäte, sich ein Riß in dem Gemäuer zeigte. Um meine Gelassenheit wiederzuerlangen, fragte ich mich: Warum kann dieser Faschismus sich so lange halten und findet eine derartig breite internationale Unterstützung? Und ich antwortete mir: Hier gab es nicht, wie 1945 in Europa, ein Sicherheitsventil, das den schmerzlosen Übergang zur Demokratie gewährleisten und den revolutionären Umsturz verhindern könnte; sobald der Faschismus aufhörte, kohärent und brutal zu agieren, würde in Spanien der ganze Hochdruckspeicher in die Luft fliegen.

Diese Ansichten finden sich noch in den Dokumenten der spanischen Kommunistischen Partei der sechziger Jahre, aber auch in den Überschriften von *Il manifesto* gegen Ende des Franco-Regimes. Tatsächlich haben wir nach dem Tode Francos die Zeitung mit »Es lebe das rote und republikanische Spanien« aufgemacht, freilich in agitatorischer Absicht: um Flagge zu zeigen und die Vergangenheit zu beschwören. Es konnte so nicht ausgehen, das wußten wir, und doch lullten wir uns in dieser Täuschung ein, gaben der Stimme in unserem Innern nach, die uns *Los cuatros generales* vorsang:

»Que viva España roja,
que viva España roja,
republicana,
y comunista,
y comunista.«

Ich kenne kein melancholischeres Lied als dieses, es ist fragil bis in die letzten Worte hinein, und wahrscheinlich sangen sie es schon damals, als sie es aus der Taufe hoben, ohne Hoffnung. In der Fassung von *manifesto* blieb das »y comunista« weg; es erschien uns, bei aller Nostalgie, unzulässig. Doch daß wir uns nach dem Tode Francos und nach so vielen Jahren des Nachdenkens mit einem reißerischen Titel trösten mußten, macht vielleicht auch verständlich, warum sich die spanische Kommunistische Partei so lange, über die gesamte Zeitspanne der fünfziger und sechziger Jahre hinweg, täuschte; und auch, wie schmerzlich für die Madrider Genossen die gnadenlose Abrechnung von 1959

und die Weigerung der Parteiführung im Ausland, sie zur Kenntnis zu nehmen, gewesen sein mußten. Es bedeutete, sie nicht aus der Ohnmacht in die Wirklichkeit zu entlassen. (»Die angebliche Niederlage«, so argumentiert die KPS noch heute. Nur wenige hätten gestreikt? Aber habe nicht unmittelbar danach die Regierung die Kollektivverträge geändert? Warum wohl? Sie sei sich im klaren darüber gewesen, daß gestreikt werden könnte. – Vielleicht ist dieses Rechtfertigungsschema nicht ganz und gar falsch, denn nichts geht spurlos vorüber.)
Aber das sind Plausibilisierungsrituale der Politik, die niemals abstrakter erscheinen, als wenn sie in Gestalt von Vorschriften aus Paris oder Prag über ein Land kommen, dem eine andere Wahrheit unter den Nägeln brennt. Und was man 1962 in Madrid erlebte, war nicht so sehr die Abschaffung des Traums vom Vormarsch der Arbeiterbewegung als vielmehr dessen plötzliche Neuorientierung in einer veränderten Wirklichkeit. Es gab sie also, die Arbeiterbewegung, doch sie war anders, als »die Partei« sie sich vorstellte. In Madrid hörte man zwar vom Wiederaufleben der Bewegung, zersplittert und in unvorhergesehenen Formen; aber das Ereignis selbst vollzog sich in anderen Regionen, insbesondere in Katalonien und im Baskenland. Die Arbeiterklasse der Hauptstadt wurde damit ihrer Rolle als Protagonistin beraubt, man entzog ihr die Grundlage ihrer einstigen Identität, und ihre allmähliche Marginalisierung muß ihr damals deutlich vor Augen gestanden haben. Noch im selben Jahr, 1962, erhoben sich die Arbeiter in Asturien und erkämpften Lohnerhöhungen für die gesamte Klasse. Es begannen die Auflösung der falangistischen Gewerkschaft und die Epoche der Comisiones Obreras. In den großen Arbeiterbezirken von Madrid und Villaverde wußte man wohl Bescheid, doch man verhielt sich still (von Getafe einmal abgesehen). Es war, als wollte die Bewegung sich verlagern, weg von den Orten, wo die fehlgeschlagene *huelga* vorbereitet worden war, und nicht mehr notwendigerweise mit den Kommunisten als Speerspitze – eine verwirrende Entdeckung, die die Kommunisten an sich selbst zweifeln ließ. Der Schock wirkte tief. Plötzlich zur Nachhut geworden, suchten sie eine Verspätung aufzuholen und wurden darin von ihrer taubgewordenen Führung behindert.
Die neue, andere Bewegung hantierte keineswegs mit allgemeinen, verblasenen Fortschrittsparolen – das schien eher das Dilemma, mit dem die Partei sich unter reichlichem Gebrauch ver-

söhnlicher Schlagworte wie »Pazifizierung«, »national« usw. herumschlug –, sondern sie ging aus militanten Bewußseinsprozessen hervor. Sie bildete sich im Verlauf der sechziger Jahre in einzelnen Unternehmen, verboten natürlich, weil Unternehmensverträge verboten waren. Und dennoch entstand sie. Und da sie nicht aufzuhalten war, sah die Regierung sich gezwungen, sie zu legalisieren. Formierte sie sich unter der Leitung von Kommunisten? Selten, im Baskenland in keinem einzigen Falle. Sie war anders, von einer neuen Qualität. Kann man einen Kampf, der Jahre Gefängnis kosten kann, schlicht gewerkschaftlich nennen? Gleichviel, es war ein Kampf. Und er kam zu seinem Abschluß. Doch »Generalisierungen« erlaubt er nicht.
Xavier, der Autor Armando López Salinas, dessen Schwager und ihre Freunde führen mich am Abend in die »barrios« der Arbeiter von Madrid. »Schau«, sagt Armando, »da wohnen sie zu zehnt ... Schau, hier ist der Weg nicht gepflastert ... Schau, hier gibt es keine Elektrizität ... Schau, sie verdienen 36 Peseten pro Tag, obwohl es in den Regierungsverlautbarungen heißt, das Existenzminimum seien 110 Peseten.« Implizit heißt das: Wie sollten sie unter solchen Bedingungen nicht rebellieren? Doch im Augenblick schweigt Madrid. Die andere Bewegung gibt es hier nicht, so, als wäre da nicht genug Elend und Antifaschismus, um sie zu entfachen. Keiner von uns kann sich die Ruhe, die geduckte Szenerie erklären. »Habt ihr viele Genossen in diesen Vierteln?« frage ich. – »Ja, doch. Sollen wir sie besuchen?« Und wir besuchen sie: Männer mittleren oder fortgeschrittenen Alters, zurückgezogen in engen, ärmlichen Wohnstuben, mit Frauen, die zwischen Tür und Angel an uns vorbeihuschen. »Also die Massen, ach die Massen, das ist eine komplizierte Sache. Mit einem Wort: eine unartikulierte Sache.« – »Und das Kapital?« – »Es steht schlecht, zwischen 1959 und 1962 gab es siebenhunderttausend Emigranten ...« Die spanischen Arbeiter können in der Tat emigrieren, die heimische Wirtschaft erholt sich dabei – sie entlasten den Arbeitsmarkt, konsumieren nicht und schicken ihre Ersparnisse in harter Währung nach Hause. Gegenüber einer eher amorphen Erwerbstätigenbevölkerung entfaltet sich auf diese Weise eine Unternehmerschaft, die ihrerseits sehr präzise definiert ist: staatsmonopolistisch gesinnt wie nicht einmal in Italien und in Industrieverbänden organisiert, die Druck ausüben, tummelt sie sich an den Rändern des vermodernden Regimes. Und sie unterhält Kontakt mit denen, die »draußen«, vom Regime ausgeschlossen sind.

Diese »ausgeschlossenen Gesprächspartner« der »liberalen« Franco-Anhänger werden die Geburtshelfer des Wandels sein. Mit diesem Gedanken muß ich mich abfinden.
Wer sind die »draußen«? Die Genossen zählen sie auf: Da gibt es eine starke Christlich-Demokratische Partei wie in Italien, ja sogar deren zwei, eine rechte, mit Gil Robles an der Spitze, und eine linke um Jiménez Fernández. »Den einen findest du in Madrid, den anderen in Sevilla.« Dann gibt es die Sozialistische Partei, ein überaus merkwürdiges Phänomen, das mir ungreifbar scheint wie ein Spinnennetz. Die Spinne (pardon) sitzt in Toulouse, heißt Llopis und gilt als der unpopulärste Mann der Opposition, selbst bei denen, die sich Sozialisten nennen. Der Gewerkschaftsbund UGT, der vor dem Bürgerkrieg eine Million eingeschriebener Mitglieder zählte, somit fast ebenso stark war wie die anarchistische CNT, ist vernichtet, wie die große Rivalin. Die Sozialisten sind ein bloßer Schemen, eine vagabundierende Vermutung, eine Anwesenheit, die sich in Abwesenheit ausdrückt: Jahre später wird Felipe Gonzales das einsehen. Die Sozialisten, denen ich 1962 begegne, sind schattenhaft wie ihre Partei, und doch gedeiht in ihrem Umkreis die Idee einer »Union der demokratischen Kräfte«, welche die Rechte, auch die nicht Franco-treue, und die Kommunisten marginalisieren könnte. Diese vage Union ist sehr aktiv, keine Volksbewegung, nein; ihre Fäden führen zu Intellektuellen, zu Spezialisten, zur Universität, zum nicht-reaktionären Klerus sowie zu einigen vorsichtigen, aber aufgeschlossenen Leuten der Industrie.
Was sollen die Kommunisten angesichts dieser Union unternehmen? Für mich, die ich von einem demokratischen Komitee entsandt bin, ist die Antwort einfach: Ich muß ihre Zustimmung zur Konferenz erhalten. Aber für die spanischen Genossen? Sollen sie auf eine »Veränderung« setzen, die sie ausschließt? Sollen sie die Union hart angreifen, damit sie sie ausschließt? Wie groß ist die Skala der antifaschistischen Allianzen? Sie ist nicht mehr die traditionelle, die eine einzige klare Scheidelinie zog: zwischen Faschisten und allen anderen. Hier und heute scheint kurioserweise strittig zu sein, was den Unterschied zwischen Faschisten und Demokraten ausmacht, und lediglich in der Linken ist die Distanzierung eindeutig: KPS und die autonomistischen Bewegungen (die Madrid übrigens hartnäckig ignoriert) raus.
»Aber es kann doch passieren«, ereifert sich Xavier, »daß Franco geht, das Kapital bleibt und die Demokratie uns einen gewissen

Spielraum eröffnet, innerhalb dessen wir die Bewegung, die sich in der *huelga* als schwach erwiesen hat, stärken können.« – »Enthält das nicht ein Risiko?« – »Dieses Risiko ist ein wechselseitiges.« Also wiederhole ich die Rede vom Risiko des Centro Sinistra in Italien, von dem ich nur Schlimmes erwarte. Xavier und ich sind beide die Fronde unserer Parteien, doch ohne Bitternis; beide hoffen wir auf eine Debatte.

Im Gegensatz zu denen in Barcelona sind, wie sich zeigt, meine Madrider Gespräche keineswegs harmlos. Und es sind viele, unendlich viele Gespräche, denn weit weniger als in Barcelona repräsentiert hier einer den anderen. Madrid ist atomisiert. Die Arbeiter und Studenten sprechen eine mir vertraute Sprache, die zwischen Gereiztheit und Verzweiflung, zwischen Optimismus und Resignation schwankt. Die Studenten, die Jugendlichen sind allesamt »Extremisten«, selbst die jungen Kommunisten. Für sie existiert die Union nicht. Wenn sie von Veränderung sprechen, dann meinen sie Revolution. Eine der Gruppen, mit denen ich zusammenkomme, genießt in jenen Tagen Ruhm und Ansehen, die FLP (Frente de Liberación Popular), sie ist castristisch, ihr Kopf, Cerón, sitzt im Gefängnis. Einer ihrer Führer erklärt mir allen Ernstes, Spanien setze auf eine Landung zu seiner Befreiung; die Beschaffenheit der Küste und die Sierras böten sich für eine solche Aktion geradezu an. Ich höre ihm zu, so wie ich am nächsten Tage Gil Robles zuhören werde: perplex und traurig.

Mit Gil Robles bin ich in dessen Anwaltspraxis verabredet. Sie unterscheidet sich erheblich von der meines Freundes in Barcelona: Hier gibt es im Vorzimmer keine Plakate, sondern eine erlesene Sitzgarnitur und einen seidenen Lampenschirm, lauter ausgesuchte Beispiele eines selbstbewußten Geschmacks. Gil Robles y Quiñones, José Maria, schon damals Chef der CEDA und von den Männern der Rechten derjenige mit der meisten Verantwortung für den Sieg des Franco-Regimes, ist circa vierundsechzig Jahre alt. Als ich eintrete, sitzt er, elegant, beleibt und ein wenig ungeduldig, hinter seinem Schreibtisch. Er kommt unverzüglich zur Sache. »Was ist das für eine Konferenz?« Ich erläutere es ihm. Er verzieht den Mund. Offen bekundet er seine Herablassung. Doch er hat keine Einwände, ja, er ist sogar bereit, ein Schreiben im Namen der »inneren Opposition« zu schicken, wünscht aber, daß auf der Konferenz sein Name nicht genannt werde; sollte dies dennoch geschehen, werde er dementieren. »Um das gleich klarzustellen.« – »Einverstanden.« Es folgt eine kurze Darlegung

seiner Ansichten. Gil Robles meint, daß das Franco-Regime sich seinem Ende zuneige, und daß Spanien sich eine, wenn auch zunächst beschränkte, demokratische Verfassung geben müsse. Ob ich verstehe? Ich verstehe. Zu diesem Zweck habe bereits eine Konferenz in Monaco stattgefunden, deren beträchtliche öffentliche Resonanz insbesondere darin begründet gewesen sei, daß dort ausschließlich »Persönlichkeiten anwesend waren, die über jeden Verdacht erhaben sind«. Bei der Kursänderung in Spanien könne Europa helfen: »Es muß sie unterstützen.« – »Wie?« Sein Hauptargument lautet, Spanien müsse der EWG und der NATO beitreten; die Experten beider Organisationen müßten sich alsbald in diesem Sinne verständigen; die Parlamente jedoch – und hier zeigt sich die taktische Schläue des Advokaten – sollten sich dem strikt widersetzen, solange Spanien von Franco regiert wird. »Klar?« Klar. Und so wird es in der Tat vor sich gehen, ob Europa will oder nicht. Es ist lediglich eine Frage der Zeit und des Zeitpunktes. »Und die Armee?« frage ich. »Auch in der Armee werden sich Leute finden, die denken können. Das Wichtigste ist, nicht wieder die gleichen Fehler zu machen wie in den dreißiger Jahren, Spanien diesmal vor solchen Fehlern zu bewahren.« Es leidet keinen Zweifel, welche »Fehler« er meint: Revolution, Bürgerkrieg, Kommunismus, Anarchismus, Extremismus. »Haben Sie das verstanden? Berichten Sie das in Italien. Guten Tag.«
Unverkennbar, dieser Mann kennt weder Skrupel noch Bangigkeit. Ein harter, holzgeschnitzter Reaktionär, der sich nicht beugt. Obwohl ich fast platze vor Antipathie, empfinde ich Respekt vor ihm. Dieser Menschenschlag ist mir nicht unvertraut, es gibt ihn auch in der italienischen Politik. Er ist sich seiner zukünftigen Rolle sehr sicher, so als müsse ihm etwas zurückgezahlt werden, und er bereitet beizeiten und sorgfältig die Rechnung vor. Heute weiß ich, daß die Entwicklung in Spanien nicht einmal den Entwürfen von Gil Robles gefolgt ist. Franco war wendiger als erwartet, bis ins Detail plante er selbst seine Nachfolge; er betrieb dieses Vorhaben mit der gebotenen Geduld und mit scharfem Blick für die Machtverhältnisse. Und Gil Robles blieb, wie früher, gefährlich für die Linke, aber harmlos für das Regime.

Als ich am Abend den Genossen von meinem Gespräch mit Gil Robles erzähle, hören sie aufmerksam zu. Xavier nickt. »Das ist die Stimme der Rechten. Wie sicher sie klingt.« Doch irgendwo muß sich in diese Einschätzung ein Rechenfehler eingeschlichen haben. Denn als das Land sich dann tatsächlich zur Veränderung anschickt, tut es das als ganzes, wenngleich nicht wie vorhergesehen oder erhofft. Der Wandel tritt ein, und das hat die Rechte nicht einkalkuliert. Auf dem Nachhauseweg mit dem kleinen Wagen von Armandos Schwager berühren wir das Universitätsviertel. Welchen Platz haben in Gil Robles' Hypothese die Studenten? Vor den hohen Eisengittern um den Innenhof der Universität sind die Wachen abgezogen worden, die nach den jüngsten Studentenunruhen lange Zeit dort postiert waren. An Studentenunruhen hat Madrid keinen Mangel.

Wir steigen aus, gehen um die Einzäunung herum, betreten den Campus. Xavier, Ramón und Armando schildern mir die Vorfälle: »Hier hatten die Studenten sich verbarrikadiert, dann sind sie am anderen Ende hinaus, von hier ist die Polizei gekommen, hier gab es den Zusammenstoß, die anderen sind dort hinübergelaufen ...« Ich stehe reglos, schaue, folge ihren Fingerzeigen mit den Augen über die verlassenen, von einem großen Mond betauten Flächen.

8. Dionisio

Dieses Kapitel handelt von einigen Unvorsichtigkeiten, die begangen werden.

Es blieb mir nun nichts weiter übrig, als mit den eigentlichen Vertretern des Centro Sinistra Verbindung aufzunehmen. Es gab von dieser Programmatik nämlich eine sozusagen strategische Version, die nichts gemein hatte mit dem Gattopardismus* Gil Robles', der die Chance der Veränderung ganz und gar mit der Handlungskraft der Konservativen verknüpfte. Die Sozialisten jedoch, mit denen ich in Madrid in Kontakt kam, waren ohne Konzept. Das konnte auch gar nicht anders sein, solange Llopis von Toulouse aus dirigierte. Selbst Tierno Galván schien eine Randfigur zu sein, so stellte ihn man mir zumindest dar. Doch da gab es ja in Sevilla noch den anderen linken Flügelmann der Union, Jiménez Fernández, den Leiter der »neuen« Christlichen Demokraten. Ich wollte ihn aufsuchen, aber es war nicht leicht, die Tür zu ihm zu öffnen. »Ridruejo könnte das machen«, schlug jemand vor. Dionisio Ridruejo? Ich wußte, daß er Falangist gewesen war. Aber erstens war er ein bedeutender Poet, zweitens hatte die Falange ihn enttäuscht, und drittens bezeichnete sein Übertritt zur anderen Seite ein entscheidendes Moment in der Umverteilung der Kräfte. War er nicht der Autor der Verse *Cara al sol*? Ich forschte nicht weiter nach. In Entscheidungsnöten sucht die Politik Rat bei den Experten der Phantasie.
Ich erinnere mich nicht mehr, wer mir den »Passierschein« zu seinem Haus verschaffte, vermutlich jemand aus der Gruppe der Auserwählten um den Philologen und Literaturkenner Sánchez Ferlosios, einem Verwandten von Gabriela. Ich lernte ihn nicht kennen, leider. Am Rande des Universums, das sich mir darbot, kreisten einige wichtige Gestalten, die mir unzugänglich blieben oder die aufzusuchen unnötig war – sie standen »auf unserer Seite«. Zu ihnen zählte auch Arangúren, zum Beispiel. Irgendeiner meiner Bekannten träumte sogar von der Zustimmung Me-

---

* Die Devise des Helden in dem Roman *Il Gattopardo* von Tomasi di Lampedusa lautet: Es muß alles verändert werden, damit alles sich gleich bleibt. *A. d. Ü.*

néndez Pilayos zur Konferenz in Rom; vergebens, wie sich herausstellen sollte. Mir ist heute nicht mehr klar, warum ich darauf bestand, mir den Weg zu diesen Leuten selber freizuschaufeln. Ich war wohl ungeduldig, vielleicht auch ein wenig unvorsichtig. Ich hatte viel zu tun, die eine Studentengruppe schickte mir die andere, möglicherweise witterten sie in mir den Bazillus der Neuen Linken. Eines Tages begab ich mich sogar in die Akademie, um im Auftrag meines illustren Bankiers das Wörterbuch zu erwerben; ein Direktor namens Casáres bemühte sich höchstselbst und artig um die Bittstellerin. Nun war also mein Koffer geadelt durch die Anwesenheit eines großen Quartbands, der über sämtliche kastilischen Wörter mit A am Anfang absolut jede Auskunft erteilte – wie sie zustande gekommen waren, wie sie gelebt hatten und manchmal auch, wie sie gestorben waren –, zum absehbaren Vergnügen Don Raffaeles, der die hohe Perfektion dieses Werkes mit einem Zungenschnalzen feiern würde.

Ridruejo empfing mich an einem Nachmittag in einer düsteren Wohnung. Sein wie in Stein gehauenes Profil erschien plötzlich zwischen einem Vorhang und einem Streifen Lichts. Ich hatte ihn mir ein wenig wie D'Annunzio vorgestellt, als einen entschlossenen Mann, beflügelt von der Überzeugung, daß ihn eine große Rolle erwarte, emphatisch und mit Opfergebärden, so wie jemanden, der in völliger Unschuld des Geistes Unheil angerichtet hat, das er nun mit ebensolcher Entschiedenheit wiedergutmachen will. Mir gefallen solche Leute, die das Hauptbuch ihres Gewissens stets in Ordnung haben, nicht. Aber wer bin ich denn, daß ich hier Urteile fälle?

Wer ich sei und was diese Konferenz denn solle, erkundigt er sich. Er ist mißtrauisch. Meine Antworten befriedigen ihn nicht. »Ich stimme zu, ja. Ich werde jedoch ein richtiges Schreiben schicken. Eine Grußbotschaft taugt nichts. Das wäre eine zweideutige Sprache in einer zweideutigen Initiative.« – »Wieso zweideutig?« Er macht nur eine Handbewegung, wie um mir mitzuteilen: »Wir verstehen uns schon.« – »Wie wollen Sie es denn schicken, Ihr Schreiben?« – »Mit der Post, samt Unterschrift. Sie sagen mir, wohin. Oder besser noch, ich gebe es Ihnen mit.« – »Ich reise bald ab. Übermorgen.« – »Ich setze es morgen auf.« – »Ist das denn nicht unvorsichtig?« – »Wer will denn vorsichtig sein? Die Zeit der Vorsicht ist vorbei. Ich bin gehalten, sie zu beenden. Die Zeit der Möglichkeiten hat begonnen. Die Möglichkeiten aber wollen kultiviert sein.«

Was folgt, ist die Definition der von diesen Möglichkeiten erforderten Ordnung der Dinge, wohl auch ein Versuch, mich zu überzeugen. »Verstehen Sie, wir befinden uns in einem circulus vitiosus. Ohne tiefgreifende Reformen unserer uralten und ungerechten Strukturen werden wir die Freiheit nie wiedererlangen. Es ist das Gewicht dieser Strukturen, was uns erdrückt. Darin besteht aber auch ihre Macht. Folgen Sie mir?« Er will, daß ich seine Analyse akzeptiere, die er in folgenden Worten zusammenfaßt: »Das ist der circulus vitiosus: Die Menschen haben sich paralysierende Strukturen geschaffen, die sie nun ihrerseits paralysieren.« Wenn man es so sieht, dann gibt es keinen Ausweg. »Es sei denn, man setzte auf einen gewaltigen Volksaufstand, der allerdings blutig und schrecklich würde und ohne Erfolgsgarantie wäre. Wer sich die Mühe gemacht hat«, fährt er fort, »hierherzukommen und sich anzusehen, wie wir sind, der hat das zweifellos begriffen.« Ich warte ab. Ridruejo gehört zu denen, die nicht wirklich eine Antwort von ihrem Gesprächspartner erwarten; er wünscht, daß man ihm zuhört. Weit nach vorne gebeugt, expliziert er mir seine strategische Hypothese, die er realistisch nennt: Man muß auf einen Riß, eine Kluft setzen, die sich zwischen der Rückständigkeit der Strukturen und den Antrieben zur Modernisierung auftut. Wer diese Strategie aussichtsreich zu verfolgen imstande sei, will ich wissen. »Jemand, der dem modernen Kapital und dem Bedürfnis nach Freiheit Stabilität und Spielraum gewährt, eine sozialistische Partei, der einzig mögliche Vermittler zwischen Vergangenheit und Zukunft.« Wo sie denn sei, diese sozialistische Partei? »Sie hat einen Auftrag, also existiert sie. Und es existieren auch die historischen gewerkschaftlichen Kräfte.« Er betont »historisch«. »Die CNT?« – »Auch sie, doch vor allem die UGT, die sozialistische Zentrale.« »Es gibt sie nicht«, entgegne ich. »Es gibt die Arbeiter«, entgegnet er.
Ich widerspreche nicht mehr, ich bin nicht hier, um zu widersprechen. Diese sozialistische Partei, so argumentiert er, die sich eng mit den »neugeborenen Kräften«: mit den progressiven linken Christlichen Demokraten, den progressiven Liberalen und den traditionellen Republikanern, verbünden solle, müsse zwei Aufgaben bewältigen: Sie müsse, erstens, »einen Freiraum schaffen«, das heißt so vorgehen, daß sich eine von Franco unabhängige Rechte bilden könne, welche Industrie, Banken und einen Teil der Armee auf einen konservativen und zugleich demokratischen Nenner bringe – das seien die Destabilisatoren des Systems und

die Garanten des Kapitals. Und zweitens müsse sie sich mit den Kommunisten darauf einigen, daß diese in der Kulisse blieben: »Relaciones cordiales, sin asociación publica, con los comunistas«, sagt er. Das sind wohlüberlegte Formulierungen. »Also Ehe mit der Rechten und Ehebruch mit den Kommunisten«, kommentiere ich lächelnd. Ridruejo bleibt ernst. »Das ist die erste Phase, in der alle verfügbaren Kader dieser alten oder neuen Formierungen benötigt werden. Mit ihrer Hilfe muß man eindringen, Industrie, Banken und Militär von innen heraus aus dem Gleichgewicht bringen. Man muß sich auf die EWG stützen, sie unentbehrlich werden lassen, bis allen klar ist, daß Franco das einzige Hindernis darstellt.« Den Trumpf Franco dürfe man freilich erst zum Schluß gegen Franco ausspielen, wenn er niemanden mehr hinter sich habe, nicht einmal mehr die Vereinigten Staaten; andernfalls drohe abermals die Isolation. Wie in dem Spiel, das wir einst unter der Schulbank spielten, Schiffe-Versenken nannten wir es, steckt Ridruejo die Planquadrate ab, verteilt die Kräfte, verstärkt sie, läßt sie interferieren und interagieren. Dann wirft er mir einen Blick zu. »Sicherlich«, räumt er ein, »bleibt dabei das Grundproblem Spaniens ungelöst. Aber das gehört nicht in diese Phase. In einer späteren Phase wird die Nationalversammlung eines freien und souveränen Spanien es lösen.«

Das »Grundproblem«? Aber warum ärgere ich mich? Ridruejo sagt ja genau das, was auch wir immer gesagt haben: zuerst die bürgerlich-demokratische Revolution, dann der Kampf für den Sozialismus. Und doch besteht zwischen diesen scheinbar gleichsinnigen Argumentationen eine qualitative Differenz. Für uns ist auch die bürgerlich-demokratische Revolution verknüpft mit der Aktion der Massen. In seinem strategischen Kalkül indes fungieren sie als die Reservearmee der großen Initiativen und als die Blutbank, bei der der Fortschritt seine schwindenden Kräfte erneuert. »Revolution ist gleich Tod, Kommunismus ist gleich Tod, zu Recht oder zu Unrecht«, und er zuckt mit den Achseln. »Soll die Konferenz nicht gänzlich unnütz sein, muß sie diese realistische Position einnehmen.«

Ähnelt er Gil Robles, dieser Poet? Nein, er ähnelt ihm nicht. Bei dem alten Anwalt steht die Taktik im Vordergrund, eine durchtriebene Auffassung von der Politik, die bloß das Instrument ist, mittels dessen ein Mann der Vergangenheit, ein Mann der Kirche und des Kapitals, sich seine Aktien wiederbeschaffen will, die, schlecht plaziert, ihm an einem bestimmten Punkt entwunden

worden waren – ich kann mir gut vorstellen, wer seine Freunde in Europa sind. Ridruejo dagegen ist nicht alt. Wahrscheinlich denkt er zum ersten Mal in demokratischen Termini, freilich nach wie vor belastet mit der Ideologie der Falange, die sich vom »Corridonismus« * nicht sonderlich unterscheidet. Und was immer er nun wirklich wert sein mag, von heute aus gesehen muß man zugeben, daß die Geschichte eher ihm, Dionisio, recht gegeben hat.
Dionisio Ridruejo findet es natürlich sinnvoll, daß ich mit seinem Freund Jiménez Fernández sprechen möchte, der mich, das ist richtig, ohne ein Empfehlungsschreiben von ihm nicht empfangen würde; er empfängt niemanden. »Einen Augenblick bitte«, und er verläßt das Zimmer. Nach ein paar Minuten kommt er zurück mit einem Brief auf wunderschönem, schwerem Papier, auf dem in regelmäßigen Buchstaben geschrieben steht: »Mein Lieber, ich empfehle Ihnen Frau Rossanda, die in einer bedeutsamen Mission hier ist. Es ist äußerst wichtig, daß wir von der Opposition der Konferenz zustimmen, die in Rom stattfinden wird und für die die Dame arbeitet. Ich für mein Teil werde es tun, denn die Schande, die Spanien nun so lange schon bedeckt, muß ein Ende haben. Grüße, Ridruejo.« Ich bin überrascht und betroffen. »Meinen Sie nicht, es wäre besser, Sie schrieben mir zwei Zeilen, die Sie weniger kompromittieren, falls ich kontrolliert werden sollte?« – »Aber ich will mich kompromittieren. Es ist nur gut, wenn ich verhaftet werde.« Verdammt, noch so einer. »Aber es ist nicht gut, wenn *ich* verhaftet werde.« – »Sie haben nichts zu befürchten. Sie erfüllen eine wundervolle Mission. Bedenken Sie, wenn man Sie mit meinem Brief verhaftet, welche Schande für das Regime! Ein schrecklicher Schlag. Und im übrigen«, schließt er, »ich kann nicht länger im Untergrund leben, noch will ich es. Zur Illegalität sind die Kommunisten gezwungen. Wir hingegen müssen das Regime herausfordern und offen auftreten.«
Soll ich mich ihm erklären, ihm jetzt offenbaren, daß ich zu denen gehöre, die seiner strategischen Planung zufolge in der gegenwärtigen und in der nächsten »Phase« im Untergrund zu bleiben haben? Er hat mich nicht nach meiner politischen Einstellung befragt und würde sich wohl überlistet vorkommen, wenn ich sie ihm jetzt entdeckte. Ich will niemanden überlisten, und ich will mich Ridruejo auch nicht erklären. Mich interessiert lediglich,

* Filippo Corridoni (1888–1915): radikaler italienischer Gewerkschaftsführer, später Wortführer eines gemäßigten Interventionismus. *A. d. Ü.*

von welchem Schlag diese Christlichen Demokraten in Sevilla sind. So bleibt mir denn nichts anderes übrig, als diesen Brief an mich zu nehmen und mich nicht erwischen zu lassen. Doch selbst wenn sie mich erwischen, wird sich die Katastrophe sicher nicht so abspielen, wie Ridruejo es in seinem Szenario für Spanien und für sich selbst vorgesehen hat. Aber da er kein Schwächling ist, wird er sich schon aus der Klemme ziehen. Überhaupt: Warum sollten sie mich erwischen? Bisher ist ja alles gutgegangen. Im übrigen habe ich keine Wahl. Ich steige die Treppen hinunter mit dem Brief in der Handtasche. Wo soll ich ihn verstecken? An der Brust? In den Schuhen? Machen wir uns nicht lächerlich! Ich nehme einen Umweg über ein Kino und ein Restaurant zurück ins Hotel. Niemand hat sich um mich gekümmert. Alles in Ordnung. Darauf könnte ich schwören.

9. Illescas

In diesem Kapitel passiert nichts Politisches, ja überhaupt nichts Lebensgefährliches, denn sonst wäre ich nicht hier, euch davon zu berichten.

Da war ich also im Begriff, Madrid zu verlassen und nach Sevilla zu fahren, mit dem heikelsten Dokument bei mir, das mir unterkommen konnte. Und das ich nur loswerden konnte, indem ich es dem Adressaten übergab, der mich andernfalls nicht empfangen würde. Die einzige Lösung schien, so schnell wie möglich nach Sevilla zu gelangen. Im übrigen hatte ich in Madrid abgeschlossen, die Reise neigte sich ihrem Ende entgegen, die Bilanz, die aus ihr zu ziehen war, hatte ich gezogen. Nur noch die »Izquierda católica« und die Basken galt es aufzusuchen, und dann ab durch die Mitte.

Vor meiner Abreise wollten Armando und sein Schwager noch mit mir nach Toledo. Armando, der so stolz war auf sein *cochecito*, einen SEAT 500, in dem wir nachts durch die Arbeiterviertel geschaukelt waren, wollte dabei das Angenehme mit dem Nützlichen verbinden. Also faßten wir den Beschluß.

Nicht Regimegegner warteten auf uns in Tolédo, sondern Emigranten. Täglich versammelten sie sich auf dem Hauptplatz, wo sie voller Melancholie Abschied nahmen von ihrem harten Land. Ich begegnete ihnen in dieser schwarzen Stimmung, sprach auch, durch Ramóns Vermittlung, mit ihnen, um dann alsbald meinen Blick vom Elend Spaniens ab- und seinem Glanz zuzuwenden: dem ockerfarbenen Tolédo, seinen von Zikaden beschwärmten Hügeln, seinen Toren, die das Wappen der Reyes Católicas tragen, Tolédo mit dem *Entierro del Conte de Orgaz*, das mich mit El Greco versöhnte.

Zu fünft hatten wir uns in Ramóns *coche* gezwängt, er, Armando, Teresa, ein kleines Kind und ich. Ich schlug den *Guide Bleu* wieder auf, den ich in letzter Zeit kaum konsultiert hatte, und las dort, daß sich auf halbem Wege, in einem Dorf namens Illescas, herrliche und wenig bekannte Goyas befänden. »Halten wir auf dem Rückweg in Illescas?« – »Aber ja, gern.«

Tolédo begrüßte uns mit den Gesichtern der Kinder der Armen.

In schwarzen Kleidern drängten sie sich vor den Türen zu verlotterten Korridoren, in der Obhut ihrer weinenden Mütter. Keiner von den zukünftigen Emigranten, mit denen wir sprachen, wußte, an welchem Ort in der Fremde er eines Tages Atem holen würde; sie wußten lediglich, daß es nach Deutschland ging. Langsam zogen wir weiter, zum *Entierro*, dann unter einem dämmernden Himmel wieder zurück in das Dickicht der Häuser und Gassen. Von den Cigaralles aus schauten wir auf die Stadt. »Preciosa, es preciosa«, flüsterte Teresa, in jener feierlichen Art, »schön« zu sagen, die ich nur im Kastilischen vernommen habe. Tief in der Nacht machten wir uns auf den Heimweg; Ramóns Wagen würde die lange Gerade, die – ein Baum links, ein Baum rechts – von Tolédo nach Madrid führt, in einer Stunde oder wenig mehr zurücklegen. Wir waren aufgeräumt und fröhlich. Plötzlich, auf der Höhe von Illescas (Addio Goya!), löste sich ein Vorderrad. Verdutzt sah ich es davonrollen, Ramón klammerte sich am Lenkrad fest, der 500er fing an, wie eine Heuschrecke zu springen, jeweils nur um Haaresbreite an diesen verdammten Bäumen vorbei, die sich immer wieder vor seiner Schnauze aufpflanzten. Es schien eine Ewigkeit zu dauern. Als wir uns überschlugen, war ich fast erleichtert.
Ich erwachte, den Kopf auf einem Prellstein. Eine Bäuerin, ganz in Schwarz, befeuchtete mir das Gesicht. »Que suerte, que suerte«, was für ein Glück, wiederholte Teresa immer wieder in Trance, das Kind an die Brust gedrückt. Wir hatten den Unfall mit heilen Knochen überlebt. Que suerte, que suerte. »Aber jetzt«, sagte Ramón, »kommt sicherlich ein Ambulanzwagen, die Verkehrspolizei.« Dieser Satz schreckte mich aus der Lähmung auf. Mir wurde bange. Wenn man den Brief des Dichters bei mir fände ... Was tun?
Ich schaute meine Füße an, die Schuhe waren weg. Doch die Handtasche war noch da, ich hatte sie wohl, als ich aus dem Wagen hinausflog, instinktiv fest unter den Arm geklemmt. Wo waren meine Schuhe? Ich entdeckte sie schließlich neben dem zerbeulten Wagen und zog sie an, während ich mir in meinem dumpfen Kopf Gedanken machte, wie wir aus dieser Situation herauskommen und der drohenden polizeilichen Untersuchung entgehen könnten. Ramón schlug vor, ich sollte per Autostop nach Madrid zurück. Und schon hielt er ein Auto an. Man war bereit, mich mitzunehmen. Mein Gesicht war mit Schmutz und Blut beschmiert, in der Schädelschwarte klaffte eine Rißwunde, von den

aufgeschürften Knieen hingen zerfetzte Strümpfe herab, Staub überall. »No entiendo, muchas gracias, no, nicht nötig, mich ins Krankenhaus zu bringen, ich wohne bei einem Arzt, doctor, el médico, lassen Sie mich vor seiner Haustür aussteigen, nein, nicht nötig, daß Sie mich begleiten, danke.« Unweit von meinem Hotel schlüpfte ich in einen Hauseingang, holte den Spiegel hervor, behob die gröbsten Schäden, band mir einen Schal um den Kopf und reinigte meinen Rock, so gut es ging. Der Portier merkte nichts, als ich an ihm vorüber- und die Treppe zu meinem Zimmer hinaufhastete. Was nun? Zuerst ein heißes Bad. Mir war hundeelend. Tropfnaß auf dem Bett, fand ich schließlich meine fünf Sinne wieder. Es gibt einen Gott der Schwachsinnigen, und er hatte mir beigestanden. Doch wenn nun die Polizei, von argwöhnischen oder redseligen Augenzeugen stutzig gemacht, nach mir fahndete? Vielleicht war den Polizisten inzwischen das Nummernschild des Wagens, der mich nach Madrid gebracht hatte, bekannt? Einer Untersuchung, auch einer routinemäßigen, wollte und durfte ich mich nicht aussetzen. Der einzige Ausweg, den mein beunruhigtes Gehirn sich vorstellen konnte, war die unverzügliche Abreise. Von einer Bar aus rief ich Gabriela im Büro an, me voy. Im Reisebüro buchte ich in letzter Minute einen Flug. Am Flughafen wartete Gabriela, aufgeregt. »Que pasó?« – »No pasó nada. In zwei Tagen werde ich zurück sein und dann mit dem Zug ins Baskenland und von dort weiter nach Frankreich fahren.« Ciao, ciao.
Mit dem Abend kommt die Maschine für Sevilla. Unzählige Leute stehen mit mir in der engen Passage des Flughafens. Die Aufrufe zu den anderen Flügen dröhnen mir im Ohr: Palma, Palma, Málaga, lauter Touristenorte. Merkwürdig sind die Touristen, sie gehen über ein Land wie der Regen über eine Entenfeder, sie sehen nicht, sie fragen nicht, sie reden von nichts anderem als von Devisen. Welches Regime muß sie fürchten? Keines. Ein Tourist ist nur ein Experte in Hotels, Stränden und Preisvergleichen. Nichts sonst fasziniert ihn, nichts darüber hinaus bezaubert oder bestürzt ihn. Er hat die Nabelschnur zur Wirklichkeit durchschnitten.
Eingehüllt von dieser warmen und lärmenden Menge steige ich ins Flugzeug, fühllos und betäubt. Während es allmählich an Höhe gewinnt, überfällt mich Übelkeit. Oh, zum Teufel. Jemand macht sich an meinem Gesicht zu schaffen, ich spüre Finger in meinen Haaren, an der Rißwunde. Ich öffne die Augen. »Ich bin Arzt«, sagt ein freundlicher Herr mit einem seltsamen Akzent.

»Was ist passiert? Bleiben Sie ruhig.« Ich murmle auf Französisch ein paar Worte. »Ich bin gefallen, es ist nichts weiter, danke, ich fühle mich nur ein wenig müde.« – »Nehmen Sie das.« Ich nehme, was er mir gibt, halte die Augen geschlossen, so stellt er keine Fragen.

Als wir in Sevilla landen, ist er wieder in meiner Nähe. »Ich begleite Sie.« – »Danke, es geht mir ausgezeichnet.« Er insistiert nicht weiter. »Hier, nehmen Sie meine Visitenkarte, rufen Sie mich morgen an.« Er hilft mir mit meinem Koffer zu einem Taxi, ich steige ein, er hört nicht, wohin ich mich bringen lasse.

Das Hotel, vom *Guide Bleu* empfohlen, habe ich sehr weiß in Erinnerung: die Korridore, die Bettwäsche, die Decke, mein Gesicht. Bevor ich mich, um auszuruhen, auf das Bett lege, werfe ich noch einen Blick auf die Visitenkarte: ein deutscher Name. Wer weiß, wer dieser Mann wirklich ist und was er hier treibt? Und schon auf der Schwelle zum Schlaf kommen mir wieder der verdächtige Brief und mein mißglückter Versuch, in Illescas mit esoterischen Goyas Bekanntschaft zu schließen, in den Sinn. Zum Teufel mit mir Anfängerin. Morgen werde ich mich an den linken Christlichen Demokraten schadlos halten.

10. Sevilla

Dieses Kapitel rekapituliert eine Begegnung mit dem Leiter der linkskatholischen Opposition sowie einige unerfreuliche Überlegungen.

Am Morgen war ich zwar nicht gerade in glänzender physischer Verfassung, aber immerhin wieder auf den Beinen. In aufrechter Haltung und gemessenen Schrittes machte ich mich auf den Weg zur Universität. Ridruejo war kategorisch gewesen: »Überfallen Sie Don Manuel nicht zu Hause, suchen Sie ihn während einer Vorlesung auf.« Als ob ich irgendwann gewagt hätte, jemanden zu Hause zu überfallen in diesem Land, in dem man auf Nadeln saß ...

Sevilla war blankpoliert am Morgen, wie es die Städte des Südens sind, hell und mit besänftigenden Proportionen – es hatte seine finstere spanische Maske abgelegt. Hätte ich noch einmal Federico ärgern wollen, würde ich es mit Rapallo verglichen haben; freilich, statt mit Oleandersträuchern prunkte es mit Orangenbäumen. Die Universität war groß, schattig und voller Menschen, und sie glich ganz und gar einer Universität, mit Professoren, wie sie sein sollen, und jungen Studenten, wie sie sein sollen. Auch hier hatte es Unruhen gegeben, man sah aber keine Polizeiposten. Professor Jiménez Fernández' Vorlesung begann um elf Uhr in der Aula. Dort nahm ich auf einem der wenigen freien Holzsitze Platz.

Don Manuel war ein älterer Herr, hochgewachsen, kräftig und polternd, der einen langen Weg zurückgelegt hatte. Auch er hatte die unruhigen Regierungen hinter sich, die die Republik begraben hatten, und die CEDA Gil Robles', der bald sein Gegner geworden war. Ich hätte gern gut genug Spanisch gekonnt, um Leuten wie ihm sagen zu können: »Und nun, lieber Freund, sprechen wir einmal ernsthaft über die Vergangenheit.« Über den Spanischen Bürgerkrieg kursierten damals, 1962, nur fragmentarische und zudem sehr widersprüchliche Interpretationen, diejenigen eingeschlossen, die sich für solide Historiographie ausgaben. Das Gemetzel, in dem das Land und die Bevölkerung auseinandergebrochen waren, wirkte in den Analysen und Erinnerungen fort, mit-

tels derer man seiner habhaft zu werden suchte. Die Erschütterung der Wirklichkeit ist immer auch die Erschütterung des Begriffs, den wir uns von der Wirklichkeit gebildet haben ...
Im Spektrum der Christlichen Demokraten repräsentierte Don Manuel den »fortschrittlichen Flügel«, und es mag dabei nicht ohne Bedeutung gewesen sein, daß er als einziger von den drei Führern (Gil Robles der Rechten, Joaquín Ruiz-Jiménez des Zentrums, er selbst der Linken) enge Beziehungen zur Universität hatte. So wie die Verteidigung einiger Streikbewegungen den Linksruck des Anwalts Ruiz-Jiménez befördern sollte, so sollte Don Manuel, Professor der Rechte, den Wind der stärksten Bewegung jener Jahre im Rücken haben: der Studentenbewegung. In Parallelaktionen mit den Arbeitern, aber früher als sie, unterminierte sie die inneruniversitären Strukturen der Diktatur, vor allem die berüchtigte SEU. Schon 1962 war Sevilla eine überaus lebendige Universität. Die Studenten produzierten sogar eine eigene Zeitung, zwar illegal, auf Matrizen abgezogen, aber einflußreich. Sie waren vielleicht weniger kämpferisch als ihre Kommilitonen in Madrid, wo die Zusammenstöße härter gewesen waren und die Politisierung deshalb radikaler war, doch in Sevilla entwickelte sich ein Dialog zwischen Professoren und Studenten, und was ich von ihm zu hören bekam, trug unverkennbar Züge einer katholischen reformistischen Hegemonie, die sich offen an Italien orientierte.
Als sich nach der Vorlesung die Aula leerte, mischte ich mich unter die Studenten, die anstanden, um mit Jiménez Fernández zu sprechen, trat als letzte an ihn heran und flüsterte ihm zu: »Ridruejo schickt mich.« »Wer?« donnerte er los, was, wie sich herausstellte, nicht mit seinem Temperament, sondern mit seiner Schwerhörigkeit zu tun hatte. Ich übergab ihm den Brief, er las ihn, schob ihn in die Jackentasche, zog ihn dann wieder hervor und zerriß ihn. Gut gemacht, dachte ich mir, endlich war das lästige Papier aus der Welt geschafft.
Ich erläuterte ihm kurz meine »Mission«. »Hervorragend! Großartig! Aber hier können wir nicht reden«, brüllte Don Manuel. »Glauben Sie bloß nicht, in einer spanischen Universität könne man reden! Unmöglich! Wir leben hier unter Banditen. Miguel, cierre la puerta!« Die Aufforderung galt dem uralten Pedell, der die Flüche des Professors gewohnt schien und dessen Weisungen geduldig nachkam. »Schauen wir mal, schauen wir mal, wo wir miteinander sprechen können und wann. Ich möchte, daß sie

auch meine Mitarbeiter treffen. Sagen wir morgen, besser übermorgen.« – »Ginge es nicht heute?« fragte ich. »Ich habe wenig Zeit, wie Sie sich werden vorstellen können.« – »Aber Sevilla ist doch wunderschön. Schauen Sie sich Sevilla an, meine Liebe. Warum bleiben Sie nicht ein bißchen länger? Warum sind Sie nicht schon zur Semana Santa gekommen?« Wir verabredeten uns schließlich für den nächsten Vormittag, bei ihm zu Hause, um zehn. Don Manuel öffnete die Tür und donnerte in den Korridor: »Besser man sieht uns nicht zusammen. Gehen Sie, meine Liebe, gehen Sie.«

Ich ging. Während ich durch Sevilla spazierte und über meine Unterredung mit Don Manuel und meine bisherigen Erfahrungen in diesem Land nachdachte, verstärkte sich in mir der Eindruck von Ambivalenz. Warum verhafteten sie den Alten nicht, der lauthals scharfe Parolen verbreitete? Vielleicht, weil er zur Vergangenheit gehörte? Gab es Überwachung oder nicht? Wo agierte die Polizei in diesem Regime? Irgend jemand hatte mir von Archiven berichtet, die während des Bürgerkriegs eingerichtet worden waren, Millionen Karteikarten in schummrigen Sälen mit hohen Wänden, Karten, auf denen in den späten dreißiger Jahren jeder registriert worden war, der jemals eine Sammlung veranstaltet oder am Begräbnis eines Republikaners teilgenommen hatte oder der in der Presse der Gegenseite genannt worden war. Jeder hatte in Spanien seine Karteikarte, ein befrachtetes Stück Papier, auf dem in akkuraten Schriftzügen festgehalten war, was von einem Menschen zu wissen von Belang war, nachdem man sich seiner ein für alle Mal angenommen hatte. Die Archive existierten noch. Aber welchen Gebrauch machte das Regime im Jahre 1962 davon? Material, das den Wissenschaftlern offensteht? Es kann, da es nicht vernichtet worden ist, jederzeit reaktiviert werden, auch als Waffe und Beweisstück. Alles, was ein Staat über sich selber und über seine Bürger weiß, so schien mir damals, ist unverzichtbar für die Aufhellung geschichtlicher Verläufe und für die rekonstruktive Erkenntnisarbeit, einer der Speicher des kollektiven Gedächtnisses, in denen Nachrichten an die Späteren gebündelt liegen, und zugleich eine Quelle der Macht, des Machtmißbrauchs, der Kontrolle. Es gelang mir jedoch 1962 nicht, aus den Alltagszeichen und den Lebensweisen der Spanier zu erschließen, wie die Kontrolle sich tarnte, wie sie funktionierte, wie wachsam das Regime war. Mit mehr oder weniger Mut bewegte ich mich, bewegten sich meine Gesprächspartner zwischen den Pranken eines Tigers. Der

Tiger war gegenwärtig, aber er schlief. Doch wie, wenn er tot wäre, oder sich in Mutation befände und seine Krallen längst mürbe geworden wären? Derlei Zweifel und die gegensätzlichsten Begründungen für sie habe ich noch im demokratisierten Spanien 1976 vernommen. Waren die Kontrollapparate des Staates intakt oder schien es nur so? Eine der verheerenden Wirkungen von Herrschaft gründet darin, Ungewißheit zu verbreiten, in welcher Weise sie herrscht.

Je mehr Tage verstrichen, desto mehr wuchs mein Unbehagen, weil ich niemals sicher sein konnte, ob meine ungeschickte Vorsicht und meine noch ungeschicktere Unvorsichtigkeit nun zuviel oder zuwenig Aufwand bedeuteten. Nahm ich an, es sei zu wenig Aufwand, so fühlte ich mich bedroht; vermutete ich, es sei zuviel, so kam ich mir vor wie ein Schauspieler, der vor dem Spiegel eine lediglich imaginierte Rolle probt. Und wenn mich beide Empfindungen gleichzeitig erfaßten, wie es inzwischen die Regel geworden war, dann wurde jede meiner Bewegungen zweideutig, ja in gewisser Weise unzuverlässig: richtig und falsch zugleich, wie meine Anwesenheit in diesem Lande.

Ich hatte gehofft, die Kommunisten würden mir mit Ratschlägen aus meiner Unsicherheit und Verwirrtheit helfen ... Aber der Kontakt mit ihnen kam – ich weiß nicht mehr aufgrund welchen Organisationsfehlers – in Sevilla nicht zustande. Als mir die Genossen zwei Jahre später einen Rapport der Polizei von Valencia zeigten, der sich auf die Jahre 1962 und 1963 bezog und in dem die wenigen eingeschriebenen Mitglieder der Partei genau mit Namen verzeichnet waren und der jede ihrer Aktivitäten Tag für Tag bis in die Einzelheiten hinein wiedergab, schien mir bewiesen, daß sie gut daran getan hatten, sich damals vor mir bedeckt zu halten.

Dies war für mich eine neue Erfahrung. Unser Faschismus war zuerst laut und aufdringlich, später brutal, aber stets extrovertiert gewesen. Nur seine Kehrseite, das Machtgeschäft, das sich in der dumpfen Atmosphäre der Büros und Ministerien abspielte, hatte Ähnlichkeit mit der Formenstruktur des spanischen Faschismus. Für uns war sie jedoch nicht ausschlaggebend gewesen. Auch die Zensur war bei uns erkenntlich organisiert gewesen: Es wurde alles zensiert. Und die Touristen? Die Touristen (ich erinnere mich, doch vielleicht war es auch nur ein Traum: lange, festliche Seidengewänder, die auf dem Motorboot Barbara Huttons aufschimmerten und von den Portalen des Canale Grande aus flüchtig sichtbar wurden, der Klang der befremdlichen Stimmen, die ich von da an mit Reichtum assoziierte) waren Fremde in Venedig, die sich um das Regime nicht kümmerten. Und der Massentourismus, den der Faschismus in seinen letzten Jahren erfunden hatte, verzehrte hastig und schweigend, auf die Marmorstufen im Schatten der Prokurazien gekauert, unter den verächtlichen Blicken der Venezianer den mitgebrachten Proviant. Mir scheint, wir waren isolierter. Was ich 1962 in Spanien unternahm, wäre 1938 in Italien unmöglich gewesen ... Doch was für einen Sinn haben solche Vergleiche?

Inzwischen war die Andersartigkeit Spaniens ebenso offenkundig wie mein Nicht-Wissen, und wenn ich an die Überheblichkeit zurückdachte, mit der ich aufgebrochen war (»Jetzt bringe ich sie mal zusammen, die Franco-Gegner«), dann errötete ich vor Scham.

Solche Gedanken beschäftigten mich, während ich den kleinen Alcázar und die Gärten der Sultanin besichtigte, ganz so wie es sich jemandem ziemt, der im Frühling nach Sevilla kommt. Doch selbst diese feine arabische Architektur, die ich zum ersten Mal sah, mit ihren Stufen, die auf quadratische, spiegelnde Wasserflächen hinabführen, in Zimmern, die keine Zimmer sind, sondern herrliche Passagen, und in der alles auf das Vergnügen der Menschen, den Augenschmaus zugeschnitten ist, erschien mir eher exotisch als bezaubernd. Vom Alcázar in Sevilla sind mir nur eine Handvoll Eindrücke im Gedächtnis geblieben: die angenehme Kühle, die Blätter auf dem Marmor, die Kieswege und die Gärten, die meinen schmerzenden und verdüsterten Kopf beruhigten. Ich verließ den Alcázar, um einen sozialistischen Anwalt aufzusuchen, meine zweite Kontaktperson in Sevilla. Man hatte mir die Adresse seiner Kanzlei gegeben. Ich fand die Straße, den Torweg zu einem Haus, dessen Fassade von harten Licht- und Schattenschlägen gezeichnet war, eine Treppe, blinkende Türschilder, auch das einer Anwaltskanzlei, das aber nicht seinen Namen aufwies. Ich läutete und betrat, als der Summer ertönte, einen großen Raum, in dem zwei alte Männer und ein junger über ihre Papiere gebeugt saßen. Ich fragte nach dem Anwalt. »Den gibt es hier nicht.« – »Ich bitte um Entschuldigung. Gibt es in diesem Gebäude noch eine zweite Anwaltskanzlei?« – »Nein.« – »Darf ich das Telefonbuch einsehen, vielleicht habe ich mich in der Adresse geirrt.« Schweigen, sie waren weder freundlich noch barsch, sondern sie zögerten. Dann sagte der Junge ruhig und indem er jede

Silbe betonte: »Sie werden diesen Anwalt in Sevilla nicht finden.« Ich starrte ihn an, er mich, die anderen ebenfalls. Noch ein Fehler, den ich besser vermieden hätte. Diejenigen, die mir in Madrid die Adresse genannt hatten, wußten also nicht, daß er entweder in irgendeinem Gefängnis saß oder »zwangsumgesiedelt« worden war. Einigermaßen betroffen und verstört verließ ich dieses Büro. Ich nahm nicht an, daß die drei mich anzeigen würden. Untereinander und mit Bekannten würden sie freilich über diese tölpelhafte Ausländerin reden, die gekommen war, um den Anwalt zu sprechen, der nicht mehr da war.
Das dunkle Loch vergrößerte sich, die Gefährdung meiner Mission auch. Unter der Frühlingssonne drehte sich mir der Kopf, und ich hatte Mühe, nicht zu schwanken, als ich schließlich, an den Tresen einer Bar gelehnt, ein Sandwich aß, die unvermeidlichen Gambas betrachtete und spanisches Bier trank, eiskaltes Bier, Wahrzeichen meiner einsamen Mahlzeiten. Ein langer Tag voller Beschwernisse; noch ein Aufschub.

11. Centro Sinistra

In diesem Kapitel begegnet man zunächst einem Manne Gottes und dann, wahrscheinlich, einem des Teufels.

Don Manuel Jiménez Fernández empfing mich nicht in seiner Wohnung, sondern in seinem geräumigen, dunklen Professoren- und Anwaltsbüro, dessen Fenster sich zu einem schattigen Innenhof öffneten. An den Wänden zwischen den Bücherregalen (viel Kanonisches Recht) hingen Kruzifixe, Madonnenbilder und Familienfotos, Fotos anscheinend von der gesamten Familie, Verwandten und Kindern, der steifen Mutter und der Ehefrau, die, in andalusischer Tracht, die Mantilla über das Haar gezogen, mit leuchtenden Augen den Kopf zur nackten Schulter neigt. Ich schaute mich ohne jede Zurückhaltung um, um diese Welt in mich aufzunehmen, die mir ungleich beredter schien als die Gesichter und das Betragen der zwei Professoren und zwei Studenten, die mich erwarteten: Don Manuel hatte sie eingeladen zu einem »formellen Gedankenaustausch«, wie nach den Regeln einer richtigen Partei. Und wie nach den Regeln einer richtigen Partei verabschiedete er sie später, um das letzte, private Gespräch mit mir allein zu führen.

Alle vier waren Männer der Politik, das heißt, ihre Erwägungen kreisten ausschließlich um Gegenwart und Zukunft. 1939 lag für sie weit zurück, außer in einer Hinsicht: Der Bürgerkrieg war unauflöslich mit den Kommunisten verknüpft und diese mit ihm; daß sie von dem Projekt der Erneuerung ausgeschlossen bleiben mußten, erschien daher weniger als Ausdruck einer Entscheidung denn eines historischen Schicksals, das allein die Zeit und die kommenden Generationen zu überwinden vermöchten. Niemand leugnete, daß die Kommunistische Partei die einzig wirklich organisierte politische Gegenkraft war, aber gerade diese ihre Einheit schien den Kriegszustand, der jede Perspektive verstellte, zu verlängern. Man mußte sich also in anderen politischen Einheiten organisieren, die ebenso stark waren wie die KPS, jedoch ohne sie, ja, im Rahmen der demokratischen Spielregeln, gegen sie.

Das hielt Don Jiménez Fernández nicht nur für notwendig, sondern auch für möglich. Anders als die Sozialisten brauchte er keiner auswärtigen Zentrale Rechenschaft abzulegen; im Gegenteil, die Katholische Internationale, der Vatikan und die Christlichen Demokraten schienen ihn in seinen Selbständigkeitsbestrebungen geradezu zu ermutigen. Auch Selbstkritik wurde ihm nicht abverlangt, die Epoche der CEDA lag hinter ihm, und nie war er einer ihrer Führer gewesen, wie Gil Robles. Seine Organisation, die Organisation von Jiménez Fernández, entstand *jetzt.* Und in zwei Punkten war er sich ganz sicher: daß in Spanien die Kirche ein ausschlaggebender Faktor war, Grundlage jeder politischen Macht, und daß der reformistisch-fortschrittliche Flügel dieser Kirche, die sich auf allen Stufen ihrer Hierarchie in Bewegung befand, zum Motor der »fuerzas democraticas« werden würde, fast ebenso zwangsläufig, wie der reaktionäre Teil der Kirche Franco gestützt hatte.

Don Manuel war offenkundig gläubig; seine Söhne waren Honoratioren der Semana Santa, »Würdenträger«, die die Prozessionen eröffneten und die Zeremonien organisierten. Und im übrigen kannte er sein Land anscheinend von Grund auf. Wie für meine Genossen das Proletariat und der Historische Materialismus hatten für ihn Kirche, Glaube, religiöse Praxis und katholische Sitte fast metaphysische Qualitäten; man mußte ihnen lediglich eine präzise Richtung geben und zum Ausdruck verhelfen; und das schien ihm möglich.

Mit großem Nachdruck verfocht er den Grundsatz, daß seine »Izquierda católica« sich rigoros vom Franco-Regime absetzen müsse, daß es da keinerlei Kompromisse geben dürfe und daß sie Reformen und, »con juicio«, die Modernisierung betreiben müsse. Deshalb beobachtete er aufmerksam die italienische Democrazia Cristiana jener Jahre, in denen ihm eher Fanfani als Moro Zeichen einer Erneuerung zu setzen schien. Fanfani – »Kennen Sie ihn? Er ist mein Freund« – interessierte ihn besonders, weil er die DC zu einer wirklichen Partei gemacht hatte, was, wie Don Manuel beklagte, selbst De Gasperi nicht geglückt war. Don Manuels Studenten waren fest entschlossen, diesem Beispiel zu folgen; sie organisierten die reformistische katholische Jugendbewegung in harten Strukturen, um zu verhindern, daß man vom Regen der Franco-abhängigen SEU* in die – an den Universitäten ziemlich stürmische – Traufe der Kommunisten kam.

* Sindicato Español Universitario: franquistischer Studentenverband. *A. d. Ü.*

Doch ihr Zusammengehörigkeitsgefühl schien mir nicht so lebendig wie das ihrer Kommilitonen in Madrid. Während dort militante, ja extremistische Neigungen dominierten, gaben hier die Löwen des Reformismus den Ton an.
»Schauen Sie sich unsere Zeitschrift an«, und sie überreichten mir ein auf Matrizen abgezogenes Periodicum mit dem für mich dunklen Titel *Peñafort*, was wahrscheinlich »lebendiger Fels« hieß.[1] Es liegt hier vor mir auf meinem Schreibtisch, es hat die Kopfzeile »Hefte der juristischen Fakultät« und verkündet in einer Art redaktioneller Grundsatzerklärung: »*Peñafort* ist keine dogmatische Zeitschrift. Sie steht allen Auffassungen und Denkweisen offen. Sie kennt nur eine Einschränkung: sie will all denen entgegentreten, die ihre Auffassungen Andersdenkenden aufzwingen wollen.« Das ging gegen Franco und gegen die Kommunisten. Die Zeitschrift schien jedoch geduldet zu sein, obschon die Studenten klagten, der Druck bereite Schwierigkeiten und der Vertrieb sei untersagt. Die Strategie war unverkennbar diejenige Dionisio Ridruejos: anfangen, Namen zu nennen. Und die Initiative hatte wohl der Professor ergriffen, mit einem Offensivkonzept, das den Zweifeln der Jungen durch Autosuggestion beizukommen suchte. »Manchmal fragen wir uns, wozu unser Tun und Reden nütze ist«, gestanden die Studenten, »und das nicht, weil es die Repression gibt, sondern weil stärker als sie die Gleichgültigkeit ist. Mühsam bringen wir eine von den Autoritäten nicht genehmigte Konferenz zustande, aber es erscheinen nur ein paar Studenten. Oder wir stellen mit Mühe und Not eine Institutsgruppe zusammen und berufen sie ein, und drei Viertel ihrer Mitglieder gehen am Ende davon, ohne den Mund aufgemacht zu haben. Im Grunde will die Mehrzahl der Studenten Karriere machen und eine Familie gründen. Alle jammern sie, daß es keine Redefreiheit gibt, aber wenn sie ihnen angeboten wird, weisen sie sie zurück. So zählt die Universität wenig oder nichts.«
Kurz und gut, sie waren enttäuscht und in der Krise. »Ist das in Italien nicht ebenso?« – »Nein, dort ist es nicht ebenso«, antworteten Don Manuel und ich im Duett. Ich fügte hinzu: »In den

[1] Ich irrte mich. Als sie mein Buch gelesen hatte, sagte mir eine liebe Freundin, Frau Professor Paola Zambelli von der Universität Florenz, daß Raymano de Penyafort ein katalanischer Dominikaner des 13. Jahrhunderts gewesen war, der entscheidenden Einfluß auf das Kanonische Recht genommen hat. Die Studenten bewegten sich also durchaus auf sicherem Terrain.

fünfziger Jahren schon. Aber dann kam 1960 der Schlag von Genua, die Jugend rebellierte, sie wollte verändern ...« – »Eben, sie wollte verändern«, brüllte Don Manuel. – »Es geht doch wohl darum zu verstehen, was die Jungen ändern wollen, Teilreformen begeistern sie nicht.« Meine Einwendung verfing bei ihm nicht: Don Manuel argumentierte voluntaristisch, die Jungen waren skeptisch, doch die leitende Ideologie war in beiden Fällen dieselbe: mit Bedacht erweiterte bürgerliche Freiheiten, Neutralisierung der gegnerischen Kräfte, Reformen und nochmals Reformen. »Wie unser Freund Piva sagt. Wie unser Freund Fanfani vorgeht. Wie richtigerweise die Sozialisten denken.« – »Llopis?« – »Ja, auch Herr Llopis. Die Idee der Union stammt von ihm. Man muß verhindern, daß die Union der Franco-Gegner vom liberal-katholischen Block Gil Robles' ins Schlepptau genommen wird. Man muß verhindern, daß sie in die Hände des Opus Dei, von Fraga und Lopez Rodó gerät, von Leuten, die daran arbeiten, die feindliche Front wieder aufzupolieren.« Don Manuel besaß klare Ideen und prognostische Fähigkeiten – nur einige Monate oder ein Jahr später vertraute das Regime ihm und Gil Robles erhebliche Kompetenzen an, um die Streikwelle zu brechen, die 1962 eingesetzt hatte, wobei es beider Verhandlungstalent präzise einkalkulierte und erkannte, daß sich auf diese Weise den Entfesselungstendenzen Einhalt gebieten ließ.

Also: »Wir hier, ihr in Italien.« Jiménez Fernández war überzeugt, ich sei eine Verfechterin des Centro Sinistra. Ich weiß nicht, was ihn zu dieser Annahme bewogen haben mochte. »Grüßen Sie Fanfani von mir. Unsere beiden Länder werden denselben Weg einschlagen. Sagen Sie ihm, er könne dessen gewiß sein.« – »Ich kenne den Abgeordneten Fanfani nicht.« – »Wie das? Sind Sie nicht von seiner Partei?« – »Nein.« Don Manuel schüttelte den Kopf, aber er bohrte nicht nach, in der Tat ein freundlicher Mann, und so fuhr er denn fort, seine Auffassungen darzulegen. Er informierte mich über seine »Streitkräfte« – »nicht viele, aber es werden mehr werden«, über die »Streitkräfte« der Sozialisten – und entwickelte mir ein umsichtiges Handlungsprogramm, das aus lauter »Übergängen« und Reformen bestand, bis hin zur Verfassunggebenden Versammlung. Als Franco zehn Jahre danach diese »Übergänge« einleitete, waren sie von diesem Teil der Opposition längst durchdacht, einer zähen – in der Isolation standzuhalten, ist schwer –, doch ideenschwachen Opposition, weshalb es denn den Christlichen Demokraten in ihren verschiedenen Formierungen im katholischsten Land Europas nicht gelungen ist, eine gestaltende politische Kraft zu werden. Das freilich ließ sich damals noch nicht absehen. Der alte Don Manuel entwarf die linkskatholische Aktionsperspektive in Termini, die sich von den in Italien gebrauchten kaum unterschieden. Natürlich war er auf die Präambel eingeschworen, aber wie viele Christdemokraten waren das nicht gleichfalls im Italien von 1962? Als er seine Mitarbeiter und Studenten verabschiedet hatte, traf er mit mir die Vereinbarungen für die Konferenz und erkundigte sich dann detailliert nach Italien. Würde es dort das Centro Sinistra geben? Er machte sich keine Illusionen über die Stärke des Machtblocks in Spanien, allenfalls unterschätzte er dessen Gattopardismus. Die Grundlage jeden Wandels blieb für ihn ein treues und familiäres Spanien, das in der Lage wäre, Tradition mit Fortschritt zu verbinden und sich von den Gaunern zu befreien, die es heute kujonierten.

Gauner und Mörder. Das Urteil des Professors über das Regime klang nicht gerade nuancenreich. »Glauben Sie ja nicht, die Repression sei zu Ende, bloß weil nicht mehr standrechtlich erschossen wird. Jetzt, wo sie in Europa unterschlüpfen wollen, liquidieren sie im geheimen. Erst letzten Samstag hat man auf einem Feldweg außerhalb von Sevilla drei Leichen gefunden, die von Kugeln durchlöchert waren. Es wird jeder verhaftet, der auch nur seinen Kopf durch die Türe steckt. Ridruejo können sie nichts anhaben, auch mir nicht, weil ich Spaniens Experte in Kanonischem Recht bin. Wer aber keinen Namen hat, der wird verhaftet und kontrolliert oder umgebracht. Gauner, Banditen.«

Dann erhob er die Hand. »A propos. Ich werde überwacht. Die Guardia Civil ist immer um mein Haus. Wenn Sie hinausgehen, wird man Sie anhalten. Doch haben Sie keine Angst. Ich habe gesehen, daß Sie verheiratet sind«, und er wies auf den Ring an meinem Finger. »Sie brauchen nur zu sagen, Sie seien zu mir gekommen, um Ihre Ehe annullieren zu lassen. Ich bin Anwalt bei der Sacra Romana Rota. Aus der ganzen Welt kommen Menschen zu mir. Sie haben doch sicher eine Heiratsurkunde?« Ich schaute ihn verdutzt an. Konnte ich diesem frommen Patriarchen, diesem ebenso anmaßenden wie warmherzigen Mann sagen, daß ich nicht kirchlich getraut bin und daß daher, wenn man meine Papiere kontrollierte, die von ihm vorgeschlagene Täuschung die einzige war, die nicht Stich hielt? Ich überlegte rasch. »Sind Sie ganz sicher, überwacht zu werden?« – »Ja. Tag und Nacht.« Nun gut, ich mußte es riskieren. Ein Blick durchs Fenster: Die Straße lag schmal und verlassen unter den kantigen mittäglichen Schatten. Doch nachdem ich aus dem kühlen Innenhof hinausgetreten war, packte mich die Angst. Ich ärgerte mich darüber. Wo waren sie? Waren sie überhaupt da? Ich stoppte ein Taxi, stieg vor einem Geschäft wieder aus, betrat es, kam in einem Pulk von Leuten wieder heraus, nahm abermals ein Taxi, das mich an den unverfänglichsten Ort brachte, den ich hier kenne: den Platz vor der Kathedrale mit dem quadratischen Orangenhain daneben. Die Angst fiel langsam von mir ab. Ich setzte mich in eine Bar, kletterte auf einen der Hocker. Noch während ich meine Bestellung aufgab, traf mich von hinten die Stimme des deutschen Arztes: »Da ist sie ja. Ist sie doch tatsächlich ausgerissen.«

12. Die Giralda

In diesem Kapitel wird zu Unrecht befürchtet, die Polizei auf den Fersen zu haben; es endet mit dem Besuch eines Turms.

»Wie geht's Ihnen? Warum sind Sie nicht gekommen, sich untersuchen lassen? Was macht Ihr Kopf?« – »Danke, es geht mir gut. Es war nicht nötig, Sie zu belästigen.« – »Ein bißchen grün sind Sie ja noch«, erwiderte er. Doch ein vages Unbehagen treibt mich, so rasch wie möglich meinen Orangensaft zu trinken, den Reiseführer zurück in die Handtasche zu stecken und mich davonzumachen. »Mich erwarten noch weitere Wallfahrten«, sage ich. – »Wohin gehen Sie?« – »Ich will auf den Giralda-Turm. Guten Tag. Auf Wiedersehen.« – »Ich begleite Sie.« Und bevor ich noch ein Wort hervorbringen kann, fügt er gefällig hinzu: »Dann bin ich gleich zur Stelle, wenn es Ihnen unterwegs schlecht wird.« Nur ein Arzt kann so unverschämt sein. Warum habe ich bloß die törichte Ausrede mit der Giralda gebraucht, jetzt muß ich da hinaufklettern, auf einen Turm ohne Treppe!

Ich weiß nicht mehr, worüber wir miteinander redeten, während wir über die langen Schrägen und durch die Kehren hinaufstiegen, doch wahrscheinlich war ich ganz und gar damit beschäftigt, ihm nicht die Genugtuung zu vergönnen, daß ich mich miserabel fühlte. Mein Kopf tanzte. Und ich war noch benommen von der lächerlichen Flucht aus dem Hause Don Manuels. Als wir oben auf der Spitze angekommen waren und über die Brüstung schauten, nahm das Gespräch eine Wendung, über die ich noch lange nachgrübeln sollte. Es ist mir vermutlich deshalb im Gedächtnis haften geblieben.

Ich mußte mich zusammennehmen, um nicht, angesprochen auf die Sehenswürdigkeiten Sevillas, gereizt zu reagieren, einmal, weil ich sie mit Ausnahme des grünen Alcázar nicht aufgesucht hatte, und dann, weil sich der Ärger, den ich über mich selbst empfand, inzwischen auf alles erstreckte, was mir unterkam. In jenen Jahren ging in Rom unter Intellektuellen ein Liedchen um: »I hate barocco, I hate scirocco, I hate Rome!« Auf seine Frage: »Finden Sie nicht, daß Sevilla eine wundervolle Stadt ist?« war ich geneigt zu antworten, daß ich es verabscheute und daß ich so bald als

möglich abreisen wollte. In letzter Sekunde zügelte ich mich, doch ich muß wohl ziemlich kratzbürstig gewesen sein, denn auf einmal sagte er ruhig und bestimmt: »Sie mögen die Deutschen nicht, stimmt's?«
Ich weiß nicht, was mich veranlaßte, nicht auszuweichen, nicht zu bekennen, die deutsche Kultur sei mein täglich Brot und Gegenstand meiner Verehrung, Hegel mein Großvater, Marx mein Vater, Brecht mein Bruder und Thomas Mann mein Cousin. Ich dachte an Marzabotto und antwortete: »Ja.« Und setzte, mit einer winzigen Variation, wie der Anarchist in Barcelona, hinzu: »In Italien haben wir keine gute Erinnerung an euch.« Pause. Dann, wie einer, der direkt auf sein Ziel losgeht, fragte er: »Sie möchten wissen, seit wann ich hier bin? Ich bin seit dem Ende des Krieges hier.« Ich glaube nicht, daß ich diesen Satz ohne Erwiderung ließ. Er jedenfalls fuhr fort: »Komme ich Ihnen nicht zu jung vor, als daß ich große Schuld auf mich geladen haben könnte?«
Es war ein zähes Zwiegespräch zwischen zwei unsicheren Gegnern. Drunten dehnte sich die besonnte Stadt. Das Land schien ganz nahe, mit seinen Feldwegen, auf denen, wie ich von Don Manuel gehört hatte, letzten Samstag Erschossene gefunden worden waren. Eine Landschaft überschüttet mit Licht, südliches, grünes Ackerland, die Wege grau wie bei uns, ein anheimelnder Prospekt. Tote? Die Toten verdrängt man, und die Feldwege werden wieder idyllisch. Was, zum Teufel, tat ich hier in dieser unwirklichen Szenerie auf einem Turm in Sevilla; warum beschäftigte ich mich mit Dingen, die mich nichts angingen, führte ein Gespräch, das sinnlos oder gefährlich war, mit jemandem, der ein wohlwollender Arzt sein konnte oder aber ein Ex-Nazi mit wer weiß welchen Verbindungen zur Macht oder ganz einfach ein Mann, der Ausländerinnen anredet? Ich, die ich mit allen spreche, weil alle mich interessieren, begann hier mit einem Deutschen zu reden, als säßen wir im Zug von Mailand nach Rom. Moment: zu reden? Wir redeten ja nicht miteinander. Es war vielmehr eine wechselseitige Herausforderung, und noch war unklar, ob zwischen Mann und Frau oder zwischen einer Kommunistin und ihrem Gegner oder zwischen einem Polizisten und einem Dieb. Doch es trieb mich eine ebenso wilde wie blinde Raserei vorwärts. Wenn diese Unterhaltung dazu bestimmt war, in eine Polizeiakte Eingang zu finden, dann sollte sie wenigstens nicht fad wie Limonade bleiben. »Nein«, antwortete ich nachlässig. »Ich glaube nicht, daß Sie Zeit dazu gehabt haben.« – »Aber Sie

vermuten, daß ich Lust dazu gehabt hätte.« – »Ich weiß nicht, wer Sie sind.« – »Es kann geschehen, daß ein Land im Namen guter Prinzipien Ungerechtigkeiten begeht.« – »Ah, das habe ich schon einmal gehört.« – »Es muß geistig überaus beruhigend sein« – genauso: »geistig beruhigend«, insistierte er nach einer Pause –, »anzunehmen, daß nur niederträchtige Prinzipien niederträchtige Wirkungen haben können. Ist es Ihnen nie passiert, daß Sie aus hochehrbaren Beweggründen verheerende Dinge angerichtet haben?« – »Lassen Sie, bitte, meine Prinzipien aus dem Spiel. Die Verheerungen, die Sie meinen, sind keine Schicksalsschläge. Sie werden hergestellt. Und sie sind unentschuldbar.« Es hat Vorteile, in einer fremden Sprache zu sprechen – in fast natürlicher Weise wird man nachdrücklich. Aber wer belehrte mich denn hier? Und von wem hätte ich denn Belehrung akzeptiert? Ja, war ich verrückt geworden, hier unter diesen Umständen und mit diesem Mann Geschichtsphilosophie zu treiben? Hatten wir einander erkannt, erahnt?

Ich erinnere mich an nichts weiter, als daß wir hinunterstiegen und uns voneinander förmlich verabschiedeten. Ich ging, von Skrupeln geplagt, davon, wie nach einem Exzess, etwas Ungehörigem. Von dieser Begegnung habe ich den Genossen nicht erzählt. Im Grunde, was war gewesen? Nichts, ein Zufall. Aber vielleicht war da doch von mir ein Fehler gemacht worden, ein weiterer. Oder schämte ich mich bloß nachträglich meiner sturen Aggressivität, meines unbezähmten Mißtrauens, meiner wütenden Ungeduld? Ich blieb im Zweifel. Er hat mich bis heute nicht verlassen. Zu viele Fallen, in die ich tappte, weil ich das Gelände nicht kannte. Zu viele Konfusionen, aus Dünkel, aus Neugierde. Wer hatte mir aufgetragen, Spanien zu verstehen? Niemand. Kein ernsthafter Mensch wäre ernstlich auf diesen Gedanken verfallen. Ich war hierher geschickt worden, um Kontakte zu knüpfen. Das hatte ich getan. Nun war es an der Zeit, abzufahren, bevor ich tatsächlich Unheil anrichtete.

Und ich reiste ab, gelassen und zum ersten Mal, ohne mich zu fragen: Verfolgen sie mich? Verfolgen sie mich nicht? Bald, am Ende meiner Reise würde klar sein, ob man mir gefolgt war, ob man mir Leine gelassen hatte, um zu beobachten, wie sehr ich sie spannte. Ich hatte es jetzt eilig mit diesem Beweis. Ich flog nach Madrid. Von dort nahm ich nicht den Zug – ich war sparsam gewesen –, sondern ein Flugzeug nach San Sebastián. Es war eine kleine Maschine, ein geflügeltes Fahrrad, besetzt mit drei Passagieren. Wir flogen tief, die Farben der Erde wechselten von Rot in Grün und Grau, bis sich hinter einer Anhöhe plötzlich der Ozean öffnete. Das Flugzeug zog eine Schleife. Wie auf einen Schlag wurden die Farben verschwommen und dunstig. Auf der Landebahn standen zwei Guardia Civil mit Dreispitz, gestochen scharf wie auf den Bildern des Zöllners Rousseau. Waren sie meinetwegen gekommen? Die Maschine glitt hinunter auf die Piste, die auf einem Damm im Meer verlief, zwischen den großen Brechern der Rollbrandung, langen, ausgreifenden, kräftigen Wellen. Während der Pilot das Flugzeug zu seiner Position steuerte, schritten die Guardia Civil langsam auf uns zu. Als wir ausstiegen, begrüßten sie die Passagiere und umarmten dann den Kapitän; vielleicht waren sie mit ihm verwandt. Ich blickte mich um. Ich war im Baskenland, halb Spanien, halb schon nicht mehr.

13. Martín Santos

Dieses Kapitel beschreibt den Schritt in besetztes Gebiet.

Drei Tage blieb ich im Baskenland, Tage von einer trügerischen Klarheit. Endlich schien die Ungewißheit behoben. Ich verfügte inzwischen über mehr Informationen und hatte mich auch von dem phantasmagorischen Spanienbild, das ich mir zurechtgelegt hatte, gelöst. Es gab gute Gründe zu vermuten, das Baskenland sei leichter dechiffrierbar als die anderen Regionen: Es war nicht integriert und damit weniger undurchsichtig. Es leistete unverhohlen Widerstand. Die fragwürdigen Beschränkungen, die man sich andernorts auf der Halbinsel bei den kompromißlerischen Versuchen zu partieller Demokratisierung auferlegte, billigte man hier nicht. Ein Strom von Blut hatte 1939 Spanien in zwei Lager geteilt. Die Basken standen sämtlich auf der Seite der Besiegten, doch die Tragödie hatte sie weder apathisch noch kleinmütig gemacht. Hier hatte das Proletariat seinen Kampf niemals unterbrochen, erstmals hatte es 1940 rebelliert, dann 1947 und seitdem immer wieder. Ein unversöhntes Land.

Die »Nationalitätenfrage«, von der ich in Katalonien so wenig begriffen hatte und die mir, fälschlicherweise, vor allem als ein kulturelles Trauma erschienen war, sprang hier geradezu ins Auge. Natürlich war ich geneigt, sie als den Konflikt zwischen kapitalistischer Entwicklung einerseits und dem bürokratischen Zentralstaat andererseits zu interpretieren. Diese agilen Städte, diese ökonomische Prosperität, diese merkwürdige Verquickung von Stärke und Unterworfenheit gemahnten mich an gewisse Nachkriegsstimmungen in der Lombardei, an den damals heftigen Einspruch gegen die »Zentrale« eines Profitmechanismus, dessen man sich gleichwohl zur Ausbeutung des italienischen Südens bediente. Hier im Baskenland, das niemanden ausbeutete, trat die parasitäre Natur des Madrider Zentralismus ebenso offen hervor wie die Unglaubwürdigkeit einer Hauptstadt, die nicht in der Lage war, das Land und seine Bevölkerung zu einen. Auch das politische Denken stützte sich hier auf eindeutige Verhältnisse – Proletarier waren Proletarier, die Besitzenden waren Besitzende; gemeinsam opponierten sie der Zentrale, doch ohne den

Preis der Subalternität der Ärmeren zahlen zu müssen. Und die Absprengung vom Zentralstaat, welche die Besitzenden nicht geschafft hatten, sollten nun die Arbeiter ins Werk setzen. Die Nationale Partei schien überaltert, die karlistischen Ressentiments hatten sich wundgescheuert; jetzt formierte sich hier (und in Asturien) eine neue Sozialistische Partei, die nicht von Toulouse aus gesteuert war; und die wenigen Kommunisten, die es hier gab, dachten, wie La Pasionaria * genau erkannt hatte, in den Kategorien des Unabhängigkeitskampfes. In den katholischen Hermandades und in den damals noch schwachen Comisiones Obreras zeichnete sich eine neuartige Gewerkschaftsstruktur, eine einheitliche militante Basisbewegung ab. Selbst die künftigen Konstellationen ließen sich relativ leicht prognostizieren: wer mit wem gegen wen koalieren würde.

Einige Jahre später waren meine Gesprächspartner von 1962 in alle Winde verstreut, ein neues Problem war aufgebrochen: die ETA, und es hatte das gesamte Baskenland erfaßt. Nicht, daß 1962 die ETA nicht existiert hätte, sie war mir aber nicht wichtiger erschienen als im übrigen Spanien die FLP, mit der sie, ebenso wie mit Teilen der Nationalen Partei, anfänglich verbunden gewesen war. 1960 war sie mit einem spektakulären Anschlag hervorgetreten – ohne Blutvergießen hatte sie einen Zug voller Falangisten umgeleitet. Doch niemand, mit dem ich 1962 gesprochen habe, erkannte in ihr den Funken, der das Pulverfaß würde entzünden können. So hielt ich denn die »Nationalitätenfrage« für einen zwar brisanten, aber im Grunde ephemeren Konfliktstoff, der die Spannungen zwischen den antifranquistischen Organisationen eher mindern und den Zusammenschluß der Gegner des Regimes befördern würde. Es war dies wohl keine gänzlich abstruse Hypothese. Aufschlußreich in diesem Zusammenhang ist beispielsweise die Ermordung Carrero Blancos von baskischer Hand. Das Attentat hat den Niedergang des Franco-Regimes entscheidend beschleunigt und zugleich sichtbar gemacht, daß der »Wandel« von der Diktatur zum bürgerlichen Staat sich innerhalb des Franco-treuen Machtblocks abspielen würde.

Heute ist mir klar, daß der März 1962 den Abschluß einer Ent-

---

* Dolores Ibárruri Gómez, Mitbegründerin der KPS, 1942 deren Generalsekretärin, 1960 Vorsitzende, danach Ehrenvorsitzende, lebte von 1939 bis 1977 in Moskau. *A. d. Ü.*

wicklungsphase markierte. Wenige Wochen danach brachen in Asturien die Streiks aus. Doch das Regime verlor nicht die Nerven. Es hatte vorgesorgt und die Interpretation bereits zur Hand. Es war gewappnet gewesen. Die Laute, die 1962 auf mein Klopfen antworteten, glichen dem Echo aus verborgenen Kammern eines Gemäuers, aus einem Vakuum, das erst noch gefüllt werden mußte. Freilich, im Baskenland empfand ich dieses Vakuum weniger deutlich als anderswo, und deshalb irrte ich mich erst recht, wenn man es denn irren nennen kann, daß ich mit allen Sinnen eine zerfallende Realität in mich aufnahm.

Das Hotel, in dem ich abstieg, war prunkvoll und leer: ein Strandhotel in der Zwischensaison. (Später sagte man mir, hier habe Salan * häufig gewohnt; besser geschützt konnte ich also gar nicht sein.) Außer einem Empfehlungsschreiben eines Verlegers aus Barcelona besaß ich keinerlei Hilfsmittel für meine Erkundungen. Es stammte von Carlos Barral und war an Doktor Martín Santos gerichtet, Arzt, Schriftsteller, Sozialist und politischer Verbannter in San Sebastián, dem man gestattete, am Bezirkskrankenhaus zu praktizieren. Doktor Martín Santos ähnelte einem jener großen Rassehunde, die den Eindruck erwecken, sie gingen niemals an einer Leine. Den Aktionsradius, den man ihm beließ, nutzte er völlig unbefangen, ohne Heuchelei, so klar war, daß er ein Oppositioneller und hier festgenagelt war. Klar war allerdings auch, daß er anders angekettet war als die Gefangenen im nicht fernen Burgos und sogar, wie ich noch feststellen sollte, anders als andere Verbannte. Das Repressionssystem Francos setzte mich immer wieder in Erstaunen ob seiner Raffinesse und Flexibilität; es war eine Welt für sich, streng hierarchisch, und folgte festen Klassifikationen.

Ich suchte Martín Santos nicht in der Klinik auf, sondern in seinem Haus. Es lag draußen vor der Stadt, zwischen Hügeln versteckt, weit vom Meer entfernt: Villa Alcolea, Eguia. Bei Sonnenuntergang stand ich vor dem Tor. Eine junge Frau kam mir auf dem Gartenweg entgegen. Sie war blond und sehr zart. Ich übergab ihr den Brief. »Mein Mann ist nicht da. Er wird in zwei Stunden zurück sein.« – »Soll ich später wiederkommen?« – »Nein,

---

* Raoul Salan, französischer General, maßgeblich am Militärputsch in Algerien (April 1961) beteiligt, nach seiner Verhaftung zu lebenslanger Haft verurteilt, 1968 begnadigt. *A. d. Ü.*

kommen Sie herein. Warten Sie hier.« Sie setzte sich mir gegenüber, überlegte eine Weile und sagte dann: »Ich heiße Rocío. Wenn Sie wollen, können Sie auch mit mir von den *asuntos* sprechen, auf die der Brief anspielt ... Ich teile die Auffassungen meines Mannes, ja.« Und sie lächelte.

Deutlich wie vor einer Fotografie erinnere ich mich an Rocío, die mir vom 1. Mai berichtete, von dem schrecklichen und ruhmreichen Jahr 1940 und davon, daß sie und die anderen Frauen und inzwischen auch die Arbeiter der Hermandades sich seitdem jedes Jahr an diesem Tag versammelten und ein Flugblatt über die nahe Grenze nach Hendaye und dort in Umlauf brächten. »Einfache Mitteilungen, denn die Leute erinnern sich an die großen Ereignisse fast nur noch wie an verklungene Empfindungen. Man muß erklären und nochmals erklären.« Rocío mit ihren Sätzen ist mir als ein faszinierender Beweis bürgerlicher Klugheit und bürgerlichen Muts gegenwärtig geblieben. Sie besaß ein politisch weises Herz. Wohl eine Stunde lang hörte ich ihr zu. Bis die letzten Lichtstrahlen aus dem Zimmer in den Garten gewandert waren und zwischen den Sträuchern draußen Kinderrufe aufstiegen: Mama.

Als es vollends Abend geworden war, entstieg Doktor Martín Santos seinem Wagen wie ein ganz normaler Berufstätiger, der nach Hause kommt. Er hatte Freunde zum Abendessen mitgebracht. Man bat mich zu bleiben, denn natürlich waren sie alle gegen Franco. Ich genoß die Gastfreundschaft dieser Familie als ein Labsal und zog auch noch Nutzen aus ihr: Aus den Tischgesprächen lernte ich einiges über Basisökonomie.

Nachdem die Runde sich aufgelöst hatte, stiegen wir hinauf unters Dach in einen kleinen Raum, der wahrscheinlich als Spielzimmer für die Kinder diente, und besprachen, mit wem ich mich treffen sollte. Der Hauptzweck meines Ausflugs in den Norden bestand darin, Kontakt mit Sozialisten aufzunehmen, die weder von Toulouse abhängig noch gänzlich isoliert waren. Im nahegelegenen Vitoria lebte damals Antonio Amat in der Verbannung, ein Rechtsanwalt, den man mir als den wichtigsten Sozialistenführer geschildert hatte und der sich, wie gemunkelt wurde, mit Llopis nicht verstand. Auch Martín Santos war Sozialist – im Baskenland funktionierten, wie in Katalonien, die Schemata der Zentralparteien nicht. Doch eine Verabredung mit Amat war sehr viel schwieriger zustande zu bringen als mit Santos. Martín war unbeugsam, aber ein Intellektueller; Amat war Arbeiterführer ge-

worden. Und der Staat machte einen Unterschied zwischen Opposition und proletarischer Opposition. Martín Santos bewegte sich in einem Käfig so groß wie die große Stadt, in die man ihn verbannt hatte; Amat dagegen, erst kürzlich aus dem Gefängnis entlassen, hatte man in Vitoria eingesperrt, einem kleinen übersichtlichen Nest. Die Annäherung war riskant. Martín Santos überlegte sorgfältig. Dann schien er eine Lösung gefunden zu haben: Man mußte einen Mittelsmann finden, der die Heimlichkeit des Treffens gewährleistete. »Ja, da gibt es jemanden, dem man vertrauen kann. Im Laufe der nächsten Tage läßt es sich arrangieren.«
Ich diskutierte mit Martín Santos lange über Faschismus und stellte dabei fest, daß auch für ihn dieses Wort einen anderen Klang hatte als für uns. Woran lag es? Ich wurde von Mal zu Mal unsicherer. Hantierte ich mit einem Begriff, aus dem die Zeit schon ausgeflossen war? Je mehr Jahre vergingen, in deren Verlauf ich die Veränderungen in Spanien, Griechenland und Portugal beobachten konnte, desto brüchiger wurde meine Selbstgewißheit über den Faschismus, die meine politischen Lehrjahre geprägt hatte und die auf überaus soliden und unanfechtbaren Pfeilern zu ruhen schien. Und auf einer einfachen, klaren Merkmalsbestimmung: ein seiner Natur nach provisorisches Regime, gewalttätig, aber anfällig, ein Degenerationsresultat der Herrschaft der bürgerlichen Klasse. Was aber blieb da noch übrig von den wirklich faschistischen Phänomenen, von der »Volksgemeinschaft«, dem Imperialismus, der »Verführung« der Massen, der ästhetischen Blendung geschichtlicher Erfahrungen, der Transformation von Ängsten in Aggressivität, von Symbolen in Waffen, von der Organisierung tiefsitzender Ressentiments zu innerem und äußerem Expansionismus, Sachverhalten, die den deutschen und den italienischen Faschismus charakterisiert hatten? Mit guten Gründen hatte mir Ridruejo den Sieg Francos als die Niederlage der Falange dargestellt – die Banken und das Militär hatten gewonnen, nicht die Falangisten. Und so gesehen zählte die Bank von Bilbao fraglos mehr als José Antonio Primo de Rivera*. Die Falange war eine bloße Gelegenheit gewesen; sie war zunächst von der Volksfront zerbrochen worden und dann von den neuen Machthabern, die sich ihr Emblem aneigneten und die Veteranen regelmäßig ins Valle de Los Caídos zu Gedenkveranstaltungen schickten, um sie bei Laune zu halten. Die entscheidenden Kom-

* Gründer der Falange Española. *A. d. Ü.*

ponenten des Franco-Regimes waren das Agrar- und Finanzkapital und die Repression im Reinzustand. Hier wurden keine Massen agitiert, hier wurde nicht die Komödie von der Identifikation mit den Massen aufgeführt. Vielleicht war der Spanische Bürgerkrieg der deutlichste aller Klassenkämpfe gewesen?
Doktor Martín Santos bekundete nur laues Interesse für meine definitorischen Spitzfindigkeiten. Und er hatte recht damit. »Der Faschismus ist, genaugenommen, Ausdruck einer Epoche, die mit dem Zweiten Weltkrieg endete.« Was suchte ich also? Die Spanier hatten es mit einer autoritär-konservativen Macht zu tun, die brutal, zentralistisch, bürokratisch und obendrein noch überaltert war, worauf, alles in allem, die Definition Dimitrows gut paßte, besser als auf die Zauberlehrlinge des spanischen Faschismus der frühen dreißiger Jahre.
Von dieser Macht, die in Begriffen zu fassen ihm nicht wichtig erschien, berichtete mir Martín Santos ohne Verzweiflung, aber auch ohne Resignation. Er verband keine großen Hoffnungen mit den oppositionellen Parteien, mit der seinen lag er in Streit. Mir schien, daß er auch für die neu entstehende Arbeiterbewegung, obwohl er nicht an ihr zweifelte, eher lange Fristen ansetzte. Die Repression, anderswo eher versteckt, agierte in San Sebastián unverhüllt, und sie war äußerst hart. In Bilbao. Überall. Dies war ein Land im Zustand der Besetzung, wie Italien während des Krieges mit den Deutschen im Haus. In Barcelona hatten mir die Leute von der Esquerra und die Anarchisten vorgehalten: »Ihr habt nicht begriffen, daß Spanien uns besetzt hat, nachdem es selbst von den Truppen Francos besetzt worden war.« Der Belagerungszustand in den zwei großen Grenzregionen, die gleichzeitig das Rückgrat des iberischen Kapitalismus bildeten, wurde mir immer wieder beschrieben und erschien mir stets wie ein Widerspruch. Wie konnte an diesem Punkt das Kapital schwächer sein als der Staat, den es hervorgebracht hatte? Auch Martín Santos beantwortete mir diese Frage nicht, er hielt sie wohl für irrelevant. Rocío, zusammengerollt wie eine Katze unter der Dachschräge der Mansarde, hörte uns zu. Es war drei Uhr morgens, als der Doktor seine langen Beine auseinanderfaltete und wir in den feuchten Garten hinuntergingen. Rocío öffnete das Gatter. Eine linde Nacht nach einem erlebnisschweren Tag. Der Doktor brachte mich in seinem Auto zu meinem Hotel; Londres y Inglaterra nannte es sich, und hinter den Bäumen, die es umsäumten, brandete der Atlantik.

14. Vitoria

In diesem Kapitel begegnet man einer Sozialistischen Partei, die weder der vergangenen noch der zukünftigen gleicht.

Es regnete in Strömen, als ich in den Zug (den *Talgo*) nach Vitoria stieg. Und es regnete in Strömen, als ich in Vitoria ausstieg, einem traurigen, durchnäßten Ort mit engen Straßen, die große Arbeiter- und Polizeiaufmärsche erlebt hatten und die jetzt unter Tümpeln begraben lagen. Ich überquerte einige von ihnen und einen Platz. Vor dem Schalter des Banco de España erwartete mich, wie verabredet, ein Kontaktmann. Er sagte mir, in welches Geschäft ich mich begeben sollte, und von diesem Geschäft aus geleitete mich ein zweiter zu einem Café. Das Ganze ging fast wortlos vor sich. Im Café verließ mich der letzte Bote. Der Wirt schob mir ein Glas heißen Tees über die Theke. Wenige Minuten später – in diesem Augenblick war niemand außer uns beiden im Raum – deutete er auf eine Stiege, die ins Kellergeschoß hinabführte. Drunten, in einem Zimmer, in dem sich vermutlich sonntags die Arbeiter zum Trinken versammelten, zwischen drei, vier Tischreihen mit dazugehörigen groben Stühlen, wartete der Leiter der Sozialisten im Inland, Antonio Amat, auf mich.
Ich habe nie zuvor und niemals danach einen Rechtsanwalt gesehen, der weniger einem solchen glich als er. Antonio war ein kraftvoller Mann mit Händen, die von der Arbeit an den Maschinen dunkel waren. In einem zerschlissenen Pullover über zerschlissenen Hosen stand er vor mir, ein Akademiker mit den Manieren eines Arbeiters, der er geworden zu sein schien. Er wirkte angespannt. Anders als Martín Santos, der sich bewegte, als trüge er keine Ketten, explodierte Antonio Amat in seinem Pferch, aus dem er übrigens immer wieder einmal ausbrach, unter Beachtung aller Vorsichtsmaßregeln, versteht sich.
Es war zweifellos ein erhebliches Risiko für ihn, sich mit mir zu treffen, denn er war gerade aus dem Gefängnis entlassen worden, und sie hätten ihn gern wieder dorthin gebracht. Aber Antonio ging dieses Risiko ein, weil keine Zeit zu verlieren war: Die Arbeiter erwachten, und die Partei befand sich in einer desolaten Verfassung; sie spaltete sich. In diesem Punkt verhielt sich Antonio

Amat wie die anderen Militanten, denen ich begegnet war: Keiner von ihnen machte ein Hehl aus seiner Enttäuschung über die Parteiführungen im Exil. »Wir und sie«, »die, die drinnen sind, und die, die draußen sind« – das waren die Schlüsselwörter ihrer politischen Lagebeschreibung. Die im Exil repräsentierten die Vergangenheit, die nicht mehr viel zählte für den, der Tag für Tag Fäden zu knüpfen suchte, die ihm dann »alte Geschichten« und von alten Ressentiments diktierte Reaktionen immer wieder zerrissen. Politik aus dem Exil bedeutete Entscheidungen aus der Distanz. Und die Distanz war die Fehlerquelle.
Die Kommunisten, selbst diejenigen in Vizcaya, ihrem schwächsten Stützpunkt, registrierten die Fehler mit Ungeduld und Besorgnis, wie Xavier in Madrid. Sie waren aber gleichzeitig zornig davon überzeugt, daß eine offene Diskussion weiterhelfen könnte, und daß vor allem der starre, autoritäre Führungsstil überwunden werden mußte. Für Antonio, übrigens auch für Santos, stellte sich das Problem anders: Es war Llopis, war Toulouse, war die Sozialdemokratie, es war der Antikommunismus der Sozialisten, das Manöver von Monaco, die Gleichgültigkeit gegenüber den Interessen der Arbeiter; war das Erbe Indalecio Prietos*, das auf der PSOE gelastet hatte bis zum jüngsten Parteitag, wo die Resolutionen jener Delegierten, die für eine einheitliche Strategie plädierten und die unter Lebensgefahr von den Versammlungen im Inland entsandt worden waren, »vom Sekretariat für nicht annehmbar, da mit Verspätung eingegangen« erklärt wurden. Unverkennbar hatte hierbei der Einfluß der CIO, amerikanisches Geld, sich durchgesetzt. Dessen Funktionär hieß Rodolfo Llopis. Wollte die PSOE wiedererstehen, mußte sie die Spaltung wagen nach dem Beispiel des Movimiento Socialista in Katalonien. Meine Aufforderung, der Konferenz von Rom zuzustimmen, nahm Amat daher in höchst verwunderlicher Weise auf: Er war begeistert, nicht weil er meinte, die »palabras« brächten irgendeinen Fortschritt, sondern weil diese Konferenz die Chance einer einheitlichen Politik der Arbeiterbewegung wahrte, was die Konferenz von Monaco nicht getan hatte. Er werde also im Namen der PSOE Inland zustimmen, und dann werde man sehen,

* Seit 1919 einer der Führer der Sozialistischen Partei, der eine gemäßigte (sozialdemokratische) Politik betrieb und als der »Mann des Apparats« galt; in der Partei Kontrahent von Largo Caballeros. *A. d. Ü.*

wie Rodolfo Llopis reagierte. Dementierte er – um so schlimmer für ihn. »Diese spanische Opposition«, sagte er aufgebracht, »ist ein Desaster. Seit 1951 tun wir nichts anderes, als auf jemanden zu warten, der uns die heißen Kastanien aus dem Feuer holt. Zuerst hofften wir auf das Ende des Krieges, dann auf die neue amerikanische Administration, und jetzt hoffen wir auf die EWG. So vertagen wir immer wieder unsere Probleme, die niemand für uns lösen kann. Mit welchem Recht bitten wir euch da um Hilfe? Zunächst gilt es doch wohl, selber zu handeln, eine Bewegung zu schaffen. Und das ist möglich, wenn und sobald wir wieder zu einer Einheit gefunden haben. Erst dann macht es einen Sinn, internationale Unterstützung zu erbitten.«

Zuerst also die Bewegung. Es gab sie, freilich geknebelt: vom Regime ebenso wie von der Trägheit der politischen Opposition. Doch, ja, es gab sie. Und diese Erfahrung war es, die ihn, einen sozialistischen Anwalt, dazu bewogen hatte, die fintenreiche juristische Kontroverse mit der Diktatur zu unterbrechen und sich wieder ins Getümmel zu stürzen, dorthin zu gehen, wo das Arbeiterbewußtsein sich neu konstituierte. Und dort zählten die traditionellen ideologischen Barrieren nicht mehr. »Schau dir die Kirche an.« Und er erzählte mir von der Rolle einzelner unbeugsamer Priester im Baskenland, die die Sakristeien öffneten, damit die Frauen dort ungestört die verbotene Sprache sprechen und sie den Kindern lehren könnten, während die Väter in der Fabrik über Widerstandshandlungen berieten. »Schau dir die Hermandades an« – sie waren als Arbeiterorganisation der Katholischen Aktion entstanden und bildeten die Keimzelle für die neue Gewerkschaft, sie wurden gedeckt von der Kirche und waren deshalb vorläufig einflußreicher als die Comisiones Obreras.

Für Antonio war wichtig, daß die Leute sich zusammenschlossen, daß sie ein autonomes, selbstbestimmtes Handlungskonzept entwickelten, von dem sie dann auch Gebrauch machten, wo es nötig war, wann es nötig war und mit maximalem Effekt. Doch es gefielen ihm auch die jungen Katholiken von der JOC*, die nicht gebannt über den Ängsten und Narben der Vergangenheit brüteten, sondern wachsam nach politischen Eingriffschancen Ausschau hielten, und die sehr genau unterschieden zwischen der Kirche Francos und der Kirche der Arbeiter. »Dieser Weg ist inzwischen

* Juventud Obrera Católica: Katholische Arbeiterjugend. *A. d. Ü.*

offen.« Und er zählte mir detailliert die Aktionen auf, die stattgefunden hatten, und die, die geplant waren, im Baskenland, in Asturien. Antonio war ein Mann des Nordens, sein Herz gehörte dieser geschundenen und freiheitsdurstigen Region. Madrid war fern, näher war ihm Katalonien, doch die beiden Kulturen verständigten sich nicht. Ich weiß heute nicht mehr, ob er zu mir vom Nationalitätenproblem gesprochen hat, mir war damals die Information über die neuen Arbeiterbewegungen wichtiger. In ihnen, so schien es, pulsierte die Zukunft, zirkulierten die entfaltungsfähigen Aspirationen des Widerstands; sie bahnten den Weg für den Umbruch. Und wenn die Sozialisten sich retten wollten, dann mußten sie diesen Weg einschlagen, selbst die UGT könnte dann wieder aus der Asche auferstehen. Waghalsige Träume? Wer hätte das mit Gründen entscheiden wollen ...

Es war unterdessen zwei Uhr geworden. Plötzlich sagte Amat: »Meine Mutter hat Geburtstag. Wenn ich nicht rechtzeitig erscheine, glaubt sie, sie hätten mich erwischt. Aber ich komme wieder, wenn du wiederkommen kannst. Kannst du?« Ich konnte. »Sei vorsichtig. Ich gehe zuerst. Wir sehen uns in einer Stunde wieder.«

Und so geschah es. Als ich das Café verlassen hatte, regnete es noch immer. Ich flüchtete mich in ein Restaurant, um etwas zu essen. Die Gaststube war kühl und menschenleer, der rote Steinboden mit Sägemehl bedeckt. Noch während ich an einem der kleinen, runden Tische meine Bestellung aufgab, verdunkelte sich die große Glasscheibe zur Straße: ein Mannschaftswagen der Polizei. Sie stiegen aus und kamen herein. Hatten sie die Fährte aufgenommen? Hatte ich Amat in Gefahr gebracht? Sie ließen sich neben mir an zwei Tischen nieder. Nichts Ungewöhnliches geschah, aber ich hatte Mühe, die Panik, die in mir aufstieg, unter Kontrolle zu halten. Hastig schlang ich das Essen hinunter, bezahlte und stahl mich, das Herz schlug mir bis zum Halse, davon. In einer nahegelegenen Kirche, neben stillen Frauen in dem stillen Schiff holte ich erst einmal Luft. Und langsam gewann ich meine Fassung wieder.

In jener toten Stunde in Vitoria ruhte ich aus. Ich hatte Zeit und blickte zurück. Ich war seit ein paar Wochen in Spanien und sollte es bald wieder verlassen. Zu Anfang hatte ich keine Gelegenheit ausgelassen, um mittels verschlüsselter Signale jede meiner Bewegungen denjenigen in Italien anzuzeigen, die mir mit Anteilnahme folgten, d.h. der Partei und meiner Familie. Doch schon von Madrid aus hatte ich nur noch wenige Zeichen gegeben. Ich hatte aufgehört, jemanden zu suchen, der nach Italien fuhr, hatte mich nicht mehr bemüht, vom Zentralpostamt aus unverfängliche Nummern in Italien anzurufen, um in idiotischen Phrasen mitzuteilen, daß alles in Ordnung war. A propos: War denn alles in Ordnung? Die Art und Weise, wie ich auf dieser seltsamen Reise vorging, das, was mir aufgetragen worden war, die allmähliche Entdeckung meiner Unzulänglichkeit, die bangen Augenblicke der Irritation, alles dies trennte mich zunehmend ebenso von dem, was ich in Italien gewesen war, in Italien war, wie von denen, die hier, eingeschlossen in ihren Kreis, mit mir sprachen und die mir, wenn es gut ging, halfen, ein Bruchstück dieser für mich befremdlichen Realität zu verstehen. Ein Bruchstück immerhin, aber nicht mehr.

Auch das, was ich gewesen war oder war, entfernte sich nun von mir, und so lernte ich, mich so zu sehen, wie man sich immer sehen sollte: als ersetzbar. Und eben dies, nichts weiter zu sein als eine Frage an ein unbekanntes Land, zu kommen und zu gehen, ohne eine Spur zu hinterlassen, hatte angefangen, mir zu gefallen; es versöhnte mich. Ich hatte mich inzwischen daran gewöhnt, und gerade jetzt bereitete mir die Überlegung Vergnügen, daß niemand sich würde vorstellen können, daß ich mich heute in Vitoria in dieser Kirche befand. Ich war gelassener als zu Beginn meiner Reise, nachdem ich meine Anmaßung und die rohen Schablonen abgeworfen hatte, die sich von den Lektüren über den Spanischen Bürgerkrieg in mir abgelagert hatten. Es kommen einem seltsame Gedanken in der Einsamkeit und in der Stille, und eben deshalb liebe ich sie beide, ich, die ich kaum einmal allein bin und selten schweige.

Als es Zeit war, aufzubrechen, zog ich den Schal um den Kopf fest und kehrte durch die verlassenen Gäßchen zurück in das Café, stieg, nachdem mir der Wirt das Zeichen gegeben hatte, die Stufen hinab und wartete auf Antonio.

»Cuánto tiempo tienes?« »Bis zur Abfahrt des *Talgo* zurück nach San Sebastián am Abend.« Er wollte diese Frist sinnvoll genutzt wissen und sich über Italien informieren lassen. Doch es gab Komplikationen. Amat sprach nicht Französisch, verstand es jedoch einigermaßen, und so kamen wir überein, daß er Kastilisch spräche, langsam, und ich langsam Italienisch, Französisch mit einigen Brocken Spanisch. Traten dennoch Verständigungsschwierigkeiten auf, so nahmen wir ein Blatt Papier zu Hilfe und suchten

gemeinsam nach einem Synonym. Es wurde schwierig, sobald man das gängige politische Vokabular verließ und ich ihm erklären sollte, was zwischen 1956 und 1962 in Italien geschehen war, insbesondere in der Gewerkschaft: die ersten internen Kommissionen, die über Listen gewählt wurden, die nicht von der Gewerkschaft aufgestellt worden waren; die lombardischen ACLI; der V. Kongreß der CGIL; die seltsam veränderte CISL nach der Spaltung; die Fiat-Werke, Ivrea; Pirelli und die ersten Streiks 1957; die Vorbehalte, aber, in jenen Jahren, auch die Hoffnung, daß es vorwärts gehe; mein Verein; meine Fragen an die Arbeiter, formuliert in dem Bewußtsein, keine von ihnen zu sein, doch überzeugt, daß ihr Weg der richtige war; die Sozialisten in Italien, bestimmte Sozialisten, beispielsweise diejenigen, die die Zeitschrift *Quaderni Rossi* herausgaben, mit der ich zwar oft nicht einverstanden war, aber deren Reflexionsstil ich teilte; die soziale Bewegung, ihr gewerkschaftlicher Ausdruck, ihr politischer Ausdruck; und dann, am Anfang und am Ende, die Frage, ob nicht die Revolution wieder auf der Tagesordnung stünde. Angesichts dieser Entwicklungen und Tendenzen schien mir das Problem, ob das Centro Sinistra zustande käme oder nicht, ebenso zweitrangig wie Amat die Union de las fuerzas democráticas: zweitrangig, akademisch und irreführend schon im Ansatz.
So redeten wir lange miteinander und tranken Rotwein aus den kleinen Gläsern, bis die Stunde des *Talgo* herangerückt war. Wir versprachen einander, die Verbindung aufrechtzuerhalten, über Martín Santos, über Rocío, die mutig war und über die Grenze ging. Wir nahmen Abschied. Ich ging zur Treppe. Doch während ich hinaufstieg – ich habe das schon an anderer Stelle berichtet –, hielt mich die Stimme des Mannes, der dort am Tisch saß mit dem Glas in der Hand, einen Moment auf einer der oberen Stufen fest. »Rossana«, sagte er, mit rollendem R, »estamos identificados«. Es war eine Botschaft, die Bekräftigung einer Aussicht. Die jungen Genossen, die Neunmalklugen, die heute über alles und jedes Bescheid wissen, sollten nicht zu früh lachen. In Amats Abschiedsgruß pochte das Herz einer Internationale, die, o ja, ich weiß es wohl, inzwischen außer Kurs ist und über die sich heute leicht deftige Wahrheiten und nachsichtige Aphorismen formulieren lassen. Damals jedenfalls war sie lebendig. Damals nickte ich Amat zu und ging, es war schon finster, dem glitzernden Zug entgegen wie einem Gegensymbol zur Verbannung.

15. Die Zeit des Schweigens

Exit über die baskische Grenze.

Aus Vitoria zurückgekehrt, sollte ich sogleich Martín Santos aufsuchen. Aber kaum hatte ich die vom Regen durchnäßten Kleider gewechselt und zwischen Mahagonischränken und blinden Spiegeln nach Gerätschaften geforscht, um meine Haare zu trocknen (und das Unternehmen schließlich relativ erfolgreich zu Ende gebracht), da teilte man mir mit, Doktor Martín Santos warte in der Halle auf mich. Groß und schlaksig stand er im Foyer, unter den Blicken des Empfangschefs auf der einen, des Portiers auf der anderen Seite, beide unbeweglich und bereit, für die Polizei zu registrieren, was zu registrieren sich anbot. Daß jemand hier auf mich wartete, nachdem er beim Portier mit Namen nach mir gefragt hatte, geschah zum ersten und zugleich zum letzten Mal. Es war mein letzter Abend in diesem Land.
Martín Santos war begierig zu erfahren, ob in Vitoria ›alles geklappt‹ hatte und wie es Amat ging, mit dem er sich nicht treffen konnte. Als wir die Straße betraten, verkündete er feierlich: »Jetzt führe ich Sie zum Fischessen.« Im Restaurant erwartete uns Rocío, seine Frau. Sie hatte Plätze für uns reserviert und daran gutgetan, denn das Restaurant war voll mit Leuten, sie schauten uns an, wir grüßten, und alles wirkte ganz und gar normal innerhalb der unausgesprochenen Anormalität der Besatzungssituation.
Nach dem Essen fuhren wir zu Martíns Haus, stiegen wieder die Treppe hinauf zur Mansarde. Es war an mir zu berichten, was Amat gesagt hatte, es war wichtig auch für die Genossen in San Sebastián. Und ich erzählte, ausführlich, mit möglichst vielen Einzelheiten. Gleichzeitig suchte ich die Vorstellungen, die Amat mir entwickelt hatte, an den Reaktionen des Doktors zu überprüfen. Nicht, daß er an den Plänen und Einschätzungen des Freundes gezweifelt hätte, oder an der Notwendigkeit, der PSOE eine andere Richtung zu geben. Aber er dachte in langen Fristen und diagnostizierte prekäre Perspektiven. Aus zwei Gründen. Der erste Grund war klassisch: Auf welche Seite würde sich das baskische Kapital stellen, wenn es tatsächlich zu dem Arbeiteraufstand käme, von dem Amat gesprochen hatte, eine Aussicht, die auch

Rocío faszinierte (sie lächelte über die Skrupel ihres Mannes). Der zweite Grund war, daß sich zwar die Avantgarde der Arbeiter formierte, daß aber das Volk in Angst verharrte, Angst vor der Gegenwart und noch mehr vor der Vergangenheit, die wieder gegenwärtig werden konnte.
»Ganz Spanien lebt in Angst, die Linke vor dem, was sie verloren hat, die Rechte vor dem, was sie verlieren könnte. Das dürfen Sie nicht vergessen. Und die Linke ist inzwischen davon überzeugt, daß die Niederlage eine immense Schuldgeschichte hat. Haben Sie jemanden getroffen, der den letzten Jahren der Republik nachgetrauert hätte?« – »Nein«, gebe ich zu. »Sehen Sie. Und die Linke zweifelt inzwischen nicht nur an der Möglichkeit des Siegs, sondern bereits an der Möglichkeit, dem Regime wirklich Paroli bieten zu können, ohne daß es wieder zu einem Massaker kommt. Das Massaker sitzt noch in den Köpfen der Leute, es ist quer durch die Familien gegangen, hat sich zwischen Freunden und Brüdern abgespielt. Es ist noch nicht lange her. Der Bürgerkrieg hat bis 1951 gedauert. Das hat man draußen nicht wahrhaben wollen. Und dann ist da die Gewißheit, daß alles, was wir unternehmen, Isolation bedeutet. Churchill hat Franco unterstützt, und die USA haben ihre Militärbasen hier.«
Niemand hat mir ähnlich unumwunden wie Martín Santos vor Augen geführt, was es bedeutete, während des Kriegs und nach dem Krieg Spanier zu sein. Es bedeutete, außerhalb der großen Geschichte zu stehen, in deren Zentrum man sich, freilich mit aufgerissenen Poren, bis 1939 befunden hatte. Doch anders als die Sätze der Katalanen hatte seine Schilderung nicht den scharfen Beigeschmack des Vorwurfs, vielmehr versuchte er mir eine Erfahrung zu erläutern, die eine, wahrscheinlich zwei Generationen nachhaltig geprägt hat. »Nach der Niederlage ins Schweigen zurückgeworfen, bemerkst du die Zerstreutheit derjenigen, die in dir ein Symbol gesehen haben und die es dir nicht verzeihen, wenn du es nicht mehr bist; manchmal bedauern sie dich, im allgemeinen vergessen sie dich.« So formuliert man Denkzettel. Und er hatte recht damit, jedenfalls was uns angeht. Alte und neue Linke, allen voran die Intellektuellen, klammern wir uns an die jeweils jüngste Revolution, die sich uns darbietet, sei es in Chile oder in Portugal, sei es in Palästina oder in China. Wir sind die Drohnen der Projekte und Praxis der anderen. Parasitär nehmen wir an ihren Umwälzungen und Kämpfen teil, außer wenn sie verlieren; dann ziehen wir uns vergrämt und mürrisch zurück. Wir sind die ersten,

die jeweils das Urteil der Geschichte mit dem Archivstempel vorwegnehmen; die Fehler der anderen kennen wir bis ins Detail, wir lieben die Enttäuschungen und streichen sie penibel heraus, um unsere eigenen kompromißlerischen Wendungen zu rechtfertigen. Wir sind begabte, listenreiche und gefühlvolle Leichenredner. Doch die Besiegten, die, die nach dem Desaster weiterleben müssen, die keine Schlagzeilen mehr machen? Den Anspruch auf unsere flüchtige Aufmerksamkeit können sie einzig um einen unerhörten Preis wiedergewinnen: durch eine Geste des Bruchs, einen Prozeß, eine Verhaftung oder den Tod.

Zeit des Schweigens. *Tiempo de silencio* lautet der Titel des Buches, dessen Manuskript Martín Santos damals gerade abschloß und das mir Jahre später in die Hände geraten sollte. Es war die Zeit der nicht endenwollenden fünfziger Jahre nicht nur in Spanien, sondern in ganz Europa. Für alle. Die Zeit des Gewissens, eine Zeit, in der als Verbannter zu leben bedeutete, unter den Bedingungen der Wahrheit zu leben.

Er traute mir nicht, ja war verblüfft, als ich ihm sagte, die Chancen der Opposition in Spanien seien nun günstiger als zwischen 1947 und 1951, als eine Guerilla versuchte, sich vernehmbar zu machen auf unserem Kontinent, der in das Geflecht neuer internationaler Beziehungen verstrickt war. Jetzt habe sich die Lage gewandelt. Jetzt müsse man wohl anerkennen, daß der Marshall-Plan zwar »gegriffen« hatte, daß aber die Entwicklung von ihm nicht mehr zu bestimmen sei. Die Alternative hieß jetzt nicht mehr Faschismus oder Demokratie, sondern Revolution oder Modernisierung. Und ich erzählte ihm von den Ereignissen in Italien 1960, von dem Interesse, das sogar der bürgerliche Block an einer Reform gezeigt hatte. Die Zeit sei nun reif, auch Spanien vom Faschismus zu befreien. Martín blieb skeptisch: »Ihr seid ja nur durch den Zweiten Weltkrieg von ihm befreit worden.« – »Aber die Bedingungen haben sich geändert. Zu euren Gunsten.« – »Zu unseren Gunsten?« – »Ja.« – »Man muß es auf jeden Fall versuchen«, räumte Martín ein. Doch er dachte wohl vor allem daran, die Identität dieses vergessenen Landes wiederherzustellen. Er zögerte. Selbst wenn sie am Ende glücklich ausginge, bedürfte es einer unbeirrbar zähen, langfristigen Anstrengung. Würden es vielleicht die Jungen schaffen, die unbelastet waren von traumatischen Erinnerungen? Sie würden kämpfen, ja. Doch mit welchem Erfolg und mit welchen Aussichten? Die Aussichten konnten so düster nicht mehr sein, nachdem nun sogar das State Department den starrsinnigen, senil gewordenen Generalissimus mit Argwohn beobachtete. »Wie damals Batista in Kuba«, meinte der Doktor.

Wir irrten uns beide. Aber das war damals keinem von uns klar, als wir, nach einer langen freundschaftlichen Unterhaltung, im Morgengrauen bemerkten, daß mir nur noch zwei Stunden blieben, bis man mich im Hotel abholen würde, um mich nach Irún zu bringen. Anstatt von San Sebastián sollte ich von Irún abreisen. Ein Freund würde mich mit dem Auto dorthin fahren. So würde ich noch den Atlantik sehen, die Felsenküste. Das hatten sie sich für mich ausgedacht, zum Abschied.

Also brachen wir auf. Rocío stand, geblendet von den Scheinwerfern, während der Wagen rückwärts aus der Garage rollte, am Tor, eine scharfgeschnittene Silhouette, die langsam ins Dunkelgrau zurücktauchte. Sie lächelte und winkte. In feinen Schriftzügen hatte sie mir auf einem Blatt, das ich noch besitze, ihren Mädchennamen notiert: Rocío Laffón Bayo, und eine Adresse: Poste restante, Hendaye. Da sie einmal wöchentlich über die Grenze ging, sollte ich ihr dorthin schreiben. Und von dort schickte sie mir dann einige Monate lang regelmäßig Botschaften mit Neuigkeiten und Flugblättern.

Doktor Martín Santos setzte mich vor meinem Hotel ab. In Eile packte ich meine Sachen. Als ich damit fertig war, stand das Auto bereits vor dem Eingang. Der Fahrer war ein schweigsamer Mann, der die ganze Fahrt über, während sich die Straße unter uns wand und die Felsen im Morgenregen schwarz erglänzten, eine einzige Geste stereotyp wiederholte. Mit der Hand wies er auf eine Villa, einen Park, ein Landgut oder ein großes Feld und sagte: »Los curas.« Die Priester. Alles dies war im Besitz des Klerus. Mein schweigsamer Begleiter war offensichtlich ein alter, geharnischter Sozialist.

In Irún stieg ich in den Zug, in Hendaye hielt er. Französische und spanische Stimmen. »Endáya, Endáya, Términus.« Tout le monde descend. Auf den Bahnsteigen patrouillierte die Guardia Civil. Man mußte die Koffer öffnen und die Pässe vorweisen. Das also sollte der Augenblick der Wahrheit sein, oder vielleicht auch nicht, ich würde niemals wirklich wissen, ob sie mich beobachtet hatten oder nicht. Als der junge Polizist, der die Leute, wie es schien, aufs Geratewohl kontrollierte – wir waren zu viele –, mir mit dem Gewehr ein Zeichen gab und sagte: »Pase, ja, Sie«, da atmete ich auf. Ich war davongekommen. Meine Reise war beendet.

Ich stieg in die französischen Waggons ein. Ich war draußen. Ich lehnte mich zurück und nickte ein. Ich schlief bis Bayonne, tief und unbehelligt von Lemuren wie seit Tagen nicht mehr.

16. Federico

In diesem Kapitel werden am Ufer der Seine lästige Fragen formuliert.

Zu behaupten, Federico habe mich voller Ungeduld in Paris erwartet, wäre übertrieben. Ich kam an einem Sonntag gegen Abend an, zwei Tage vorher hatte ich an die vereinbarte Adresse telegrafiert. Auf der Fahrt von Bayonne nach Paris hatte ich Papier und Bleistift zur Hand genommen, um schwarz auf weiß festzuhalten, was ich getan, vorgefunden, gesehen und vorsichtshalber nur in meinem Kopf notiert hatte. Diese Aufzeichnungen besitze ich noch, doch sie sind unleserlicher als die Erinnerungen selbst, eine Art von stenografischem Experiment, dessen Versuchsanordnung mir entfallen ist. Damals jedoch erschienen sie mir unverwüstlich, und ich wünschte nichts sehnlicher, als sie in die Hände jemandes zu legen, der über den Schlüssel zu ihrer Erklärung verfügte.
Im Hotel fand ich niemanden vor. Genauer, ich fand nicht einmal Unterkunft. Ich mußte mir ein anderes Hotel suchen und den widerwärtigen Kerl, der mich abgewiesen hatte, bitten, falls jemand nach mir fragen sollte, Auskunft zu geben, wohin ich umgezogen war. Dort erreichte mich schließlich am Montagmorgen der Anruf Federicos. Wieso ich in einem anderen Hotel abgestiegen sei? Die Frage klang barsch, so, als hätte ich mich leichtsinnig verhalten oder mich eines Vergehens schuldig gemacht. Nach einer halben Stunde war er jedenfalls da – viele Jahre später entdeckte ich, daß er nur fünfzig Meter entfernt wohnte –, im Regenmantel und mit Sonnenbrille, wie auf dem Umschlag seines Buches. Wir gingen in ein Café, setzten uns. In der Mitte des Tisches stand ein hartes Ei, wie auf einem der Bilder von Piero della Francesca, rund, kompakt und metaphysisch wie meine Probleme.
»Nun, wie ist die Expedition verlaufen?« – »Ich bin mir darin nicht sicher. In Barcelona habe ich Kommunisten, Sozialisten, Leute von der Esquerra, Anarchisten, Christliche Demokraten und diesen und jenen getroffen, in Madrid die Genossen, die Sozialisten, die FLP, die FUDE, Ridruejo, Gil Robles und den und den, ich habe einen Abstecher nach Sevilla gemacht, um dort mit Jiménez Fernández zu sprechen und mit einem Sozialisten, aber

den hatten sie bereits inhaftiert; in San Sebastián habe ich Martín Santos, in Vitoria habe ich Amat aufgesucht. Die Katalanen wollen eine gemeinsame Resolution verfassen. Die Gefangenen stimmen natürlich zu. Mehr habe ich nicht erreicht.« Zum ersten Mal schaute Federico mich wie ein menschliches Wesen an. Und als ich hinzufügte: »Aber ich habe nichts wirklich begriffen, ich brauche deine Erklärungen, nichts paßt hier zusammen«, griff er nach meiner Hand. Damit begann ein zwanzigjähriger intensiver Austausch, eingeschlossen die gediegensten Streits, zwischen zweien, die einander anerkennen. Ich verzieh ihm sofort die Arroganz, mit der er mich in Florenz weggeschickt hatte. Ich mußte ihm damals überaus aufdringlich erschienen sein, als jemand, der auf nichts anderes als auf knappe und endgültige Antworten erpicht war, als ein aufgeregtes, inkompetentes Monstrum. Inzwischen hatten wir verstanden, wie wir nicht waren, weder er noch ich. Der Morgen rückte vor, und das Café begann sich zu füllen. Wir wechselten in ein ruhigeres auf der anderen Straßenseite, Federico verschob eine Verabredung, und wir nahmen unser Gespräch wieder auf. Es sollte andauern, bis mein Flugzeug mich nach Süden davontrug.

Er begleitete mich zum Alitalia-Büro, wo ich buchte. Wir standen am Schalter, als er polemisch auf eine Landkarte von Frankreich wies, die hinter dem Tresen an der Wand hing. Ich hatte Federico nämlich erzählt, auf meiner Fahrt nach Paris habe ab Bayonne das Land unter Wasser gestanden. »Aber da gibt es keine Flüsse«, hatte er eingewandt. »Es müssen welche da sein, denn es war überschwemmt, stundenlang sind wir durch wasserbedeckte Felder gefahren.« – »Und wo sind jetzt deine Flüsse?« Er zeigte triumphierend auf die Landkarte, auf der in dieser Region tatsächlich keine Flüsse eingezeichnet waren. Doch ich hatte das Wasser gesehen. Und ich halte nach wie vor daran fest, daß an jenem Sonntag der Süden Frankreichs unter Wasser stand; halte daran genauso intransigent fest wie daran, daß Spanien, die verschiedenen Spanien, die ich kennengelernt habe, mehr sind als ihre kartographischen Abbildungen. Etwas wirklich anschauen heißt auch, etwas hervorbringen.

In jenen Stunden ging ich mit Federico meine Begegnungen, eine nach der anderen, noch einmal durch; er erkannte, nickte, präzisierte, korrigierte, fragte nach und zog den Daten allmählich ein perspektivisches Gerüst ein, das Mosaik nahm Gestalt an, die einzelnen Steine rückten an ihren Platz, und die Lücken, die geblie-

ben waren, schloß er schließlich mit zwei, drei bündigen Hinweisen. Enthielt mein stümperhafter Bericht für ihn tatsächlich keine Neuigkeit, keinerlei unerwartete Nachricht? Mit einem Anflug von Betroffenheit registrierte er mein Erlebnis mit den Anarchisten, kommentarlos nahm er meine Beschreibung der katalanischen Kommunisten auf. Ab und zu lächelte er über meine Begeisterung. Doch er behielt sich vor, sie zu überprüfen. Seine Aufmerksamkeit bekundete sich vorwiegend durch Pausen. Ich kenne das Schweigen und das Gewicht der Worte der Kommunisten von einst. Ich weiß auch, daß es unnütz ist, sich in Details über die Partei zu ereifern – das ist das Selbststabilisierungsritual von Splittergruppen, und das waren wir damals noch nicht.
Doch was wir an jenem Tag in Paris einander darlegten, verflog nicht mit dem Wind. In ihm wie in mir brachte es Zweifel zum Vorschein, die später den Anstoß zu Trennungen geben sollten, bei ihm von der spanischen Kommunistischen Partei, bei mir, unter anderen Bedingungen, von der italienischen. Keiner von uns beiden ahnte das damals; noch waren wir lammfromm und einigermaßen geduldig. Aber wir spürten, daß die Dinge, hielt man sie gegen das Licht der Erfahrungstatsachen, andere Muster und Proportionen offenbarten, als die KPS behauptete. Und es gibt wohl keinen Kommunisten, der nicht in Unruhe gerät, wenn er seine Partei, in welcher Situation immer, als blind erkennt. Man braucht gar nicht den Kampf zum Glaubensbekenntnis zu erheben – der Federico, den ich kannte, tat es nicht mehr, und ich habe es nie getan –, um bestürzt zu sein, wenn sich herausstellt, daß der Kompaß nicht fehlerfrei arbeitet, daß der Seismograph falsche Signale sendet, daß das, was er anzeigt, nicht stimmt. Plötzlich ist man auf sich selbst angewiesen. Und man muß schon, bis zum Denkverzicht, von der eigenen Allmacht überzeugt sein, um in einer solchen Lage die Wahrheits- und Wahrhaftigkeitsfrage stillstellen zu können. Tatsache ist, daß man bestimmte Reisen nur in großen Schiffen unternehmen kann, und also hofft man gerade in Unwetterperioden oder bei Maschinenschaden mit ganzer Seele, daß das Schiff seinen Kurs beibehalten möge. Aber es genügt nicht, den Kurs zu kennen, es bedarf auch eines Schiffes, um ihn verfolgen zu können.
Doch ich will nicht vorgreifen, sondern lediglich erläutern, worauf wir uns da, zwanzig Jahre jünger als heute, einließen: ein schwieriges Abenteuer. Und für Federico sollte es kürzer und härter sein als für mich. Die zwei Fragen, die in unseren Gesprächen

in Paris auftauchten, waren beide entscheidend. Die erste war, ob nicht der spanische Faschismus so stark wäre, daß er sich möglicherweise aus sich selbst heraus zu verwandeln vermöchte. Diese Frage stellten sich unseren Parteien nicht, nicht etwa deshalb, weil sie annahmen, die Revolte stünde unmittelbar bevor, sondern weil sie an die Unbeweglichkeit der Faschismen glaubten, weswegen sich deren Ende nur als Bruch vollziehen könnte, doch nicht zwangsläufig in einem Aufstand – die kommunistischen Parteien von 1962 hatten das Projekt der Revolte längst abgeschrieben –, eher durch einen Wechsel im Gehäuse der führenden Gruppe, beispielsweise so wie in Griechenland: eine Zäsur in der Exekutive, ein Austausch von Figuren, eine Korrektur der Funktionen. Und wenn KPI und KPS die Fäden zu dieser »Konferenz für die Freiheit Spaniens« gesponnen hatten, so nicht, um einen Aufstand zu schüren, sondern um einen Übergang vorzubereiten. Sie operierten mit dem klassischen Frontenkonzept, wobei die Schwierigkeit, es nach dem Bürgerkrieg wiederzubeleben, zusätzliche Probleme aufwarf.
Was wir, Federico und ich, voraussahen, genauer: vorauszusehen meinten, war kein Bruch. Daß die Beendigung des Faschismus von der »Union de las fuerzas democráticas« besorgt werden könnte – wie die kommunistischen Parteien befürchteten –, war nichts im Vergleich zu der Gefahr, daß sie von Franco und Juan Carlos besorgt werden könnte. Nicht von einem sperrigen Teil des Staates also, sondern vom Staat selbst. Nicht von anderen sozialen Blöcken, sondern von dem herrschenden sozialen Block, der zudem Phasen und Verlauf seiner eigenen Transmutation regulierte. Der höfliche Gegner, der in *Europeo* geschrieben hat, genau das sei absehbar gewesen, gibt sich zu schnell zufrieden. Denn wenn der Faschismus sich selbst aus eigener Kraft in eine »Demokratie« verwandeln kann, dann können sie ja wohl nicht wie Feuer und Wasser sein. Und nicht die Strategie der Revolte ist dann in der Wurzel angetastet, sondern das europäische Nachkriegsbewußtsein, das ganz auf dem Bruch mit dem Faschismus aufbaut, ihn als sein »Anderes«, seinen Gegensatz begreift, selbst in den miserabelsten Demokratien.
Es ging also in dieser Sache nicht um eine Bagatelle. Und wenn das die Wahrheit war, dann stand Spanien eine Zukunft zwar ohne Erschütterung, aber auch ohne wirkliche Veränderung bevor, keine Erneuerung, sondern ein trüber Übergang von der Agonie zu allmählicher Rekonvaleszenz, die noch Keime der Krank-

heit mit sich schleppt, ambivalent, nicht mehr die Krankheit selbst, jedoch auch nicht ihr Gegenteil.
Der zweite Aspekt des Dilemmas bestand in den Konsequenzen, die das für die Kommunisten hatte. Die gescheiterte *huelga*, die in Madrid den jungen Xavier quälte, war, so betrachtet, ein Drama: Was für die Kommunistische Partei wesentlich gewesen war, war irrelevant für die Geschichte der Arbeiterbewegung jener Jahre. Tatsächlich zählte für sie dieser Streik kaum, ein Beweis dafür, daß das Denken in Lagern, das Frontenschema, weder von oben noch von unten funktionierte; die Impulse der Wandlung verliefen anderswo, unterirdisch.
Mit diesem »anderswo« wurde die bürgerlich-demokratische Revolution so lange kurzgeschlossen, bis sie sich zum »inneren Wandel« verdünnt hatte. Sollte man diese Tendenz bekämpfen oder sich ihr anschließen? Und was durfte die KPS sich davon erwarten? Evidenz Nummer eins war, daß die KPS nicht die Kraft hatte, sie zu bekämpfen, und deshalb hielt man sich besser bereit, mit dem Strom zu schwimmen. Um aber nicht abgetrieben zu werden, mußte man schon jetzt die Instrumente für einen anderen Kurs präparieren. Das war Evidenz Nummer zwei. Entweder spielte die KPS in untergeordneter Rolle mit oder sie mußte den Begriff der »demokratischen Revolution« aufgeben und anfangen, in den Begriffen einer Umformung des »demokratisierten« sozialen Blocks zu denken. Aus sich selbst, soviel schien klar, würde die spanische bürgerlich-demokratische Revolution kein einziges sozialistisches Projekt hervorbringen, nicht einmal das, das sie, nolens volens, in Italien und Frankreich hervorgebracht hatte: Herausbildung eines radikalen Subjekts der Veränderungen, die zwar frustrierte, aber nie mehr gebrochene Phantasie von der roten Resistenz (und nicht nur der roten).
Die Frage, die sich unter diesen Umständen für Federico stellte, ähnelte derjenigen, die die italienische kommunistische Linke bewegte: Wie ließen sich die vom Kapitalismus geprägten politischen und institutionellen Formen verändern, und wie konnte man ihrem Sog entgehen? Das war kein geringes Vorhaben. Die KPI, wie die KPS, besaß keine wirklich erprobten operativen Instrumente außer dem Frontenschema. Als das nicht mehr funktionierte, schwankte die KPI zwischen der Neufassung des Revolutionskonzepts für Italien und der Parole vom Historischen Kompromiß, und in der Entscheidung wurde die Linke geschlagen.
Die KPS war noch weniger gerüstet, sich einen Demokratisie-

rungsprozeß ohne, ja möglicherweise sogar gegen sie vorzustellen. Die bloße Annahme, daß dies der Fall sein könnte, schien eine Kapitulation und war es in gewisser Weise auch: Sie entwaffnete die Partei, denn andere Waffen kannte sie nicht. Das war eine schwerwiegende Einsicht. Und wer sie vortrug, würde es mit einer Partei zu tun bekommen, die sich beharrlich weigerte, sie anzunehmen.

Ein Jahr später sollten Federico und Fernando Claudín diese Prognosen in der KPS zur Diskussion stellen und eine schallende Ohrfeige dafür einstecken: den brutalen Ausschluß, der sie mit der Anklage brandmarkte, der Rechten Zugeständnisse zu machen, und diese Verdächtigung formulierten Männer, die nachmals wirklich nach rechts ausscherten. Ich verfolgte diese Geschichte Kapitel für Kapitel, eine bittere Geschichte. Federico brüllte sie mir ins Gesicht, als ich ihm sagte, sein Buch sei kein Bericht, sondern ein Aufschrei der Wut. Wir in Italien waren 1969 im Zeichen einer politischen Bewegung ausgeschlossen worden, die uns recht zu geben schien. Aber sie? »Uns hat man ins Dunkel gestoßen« – das Dunkel der Jahre von 1963 bis zum verspäteten, endlos sich hinziehenden Sterben Francos, vierzehn, in der Emigration gelebte Jahre, mit der eigenen Partei zum Feind.

Ich bin mir nicht sicher, ob wir uns damals in Paris bewußt waren, daß diese Probleme, die uns sehr beunruhigten, eines Tages tief in unsere Lebensläufe einschneiden würden. Ich erinnere mich, daß wir gegen Abend an einem der tiefergelegenen Seine-Ufer auf und abgingen, hin und zurück, hin und zurück. Inzwischen hatten die peinigenden Zweifel sich geklärt. Wir schwiegen. Die Unsicherheit, die Not, einen Ausweg zu finden, brachten uns zum Schweigen. Und die Ermattung. In diesem Augenblick und in dieser Stimmung habe ich zum ersten Mal an jenem Tag den Blick auf Paris gerichtet, Paris groß und klar, perlblau und leuchtend vor lauter gaullistischer Effizienz. Und plötzlich packte mich eine wilde Sehnsucht nach diesem Spanien, das ich so lieblos angeschaut hatte: dunkles, rotes und gelbes, armes, gebeugtes Spanien, geschwächt von nicht ausgeheilten Leiden, unheilbar. Und hier das prahlerische Frankreich mit seiner gleißnerischen Metropole, dem Monument einer hinterhältigen Demokratie. Und wieder übersetzte ich meine Verachtung in Verwünschungen. In Spanien hatte ich es genauso gemacht; die Rechnung ging mir nie auf, damals, weil ich nicht verstand, jetzt, weil ich zu verstehen glaubte.

Abrupt verließ ich Federico. »Ich möchte die präkolumbianische Ausstellung ansehen.« – »Es wird dafür zu spät sein.« – »Nein. Ciao. Ich rufe dich aus Rom an.« Ich wollte Zuflucht suchen bei einer fernen, fremden Kultur, eine Stunde Ruhe gewinnen vor dem Flug. Doch es war in der Tat zu spät. Man wies mich ab. So ging ich denn wieder zurück zur Seine, die Skrupel, die Federico und ich hin- und hergewendet hatten und die weiterschwelten, noch immer im Kopf. Dann war es soweit: Bus, Flughafen, die Maschine nach Mailand. Jetzt blieb nichts weiter zu tun, als mit der Partei zu reden. Meine Reisebotschaft war herb und karg: In Spanien wird nichts geschehen, jedenfalls nichts, was sich mit unseren Erwartungen deckte. Schöne Aussichten, das.

17. Politik als Education sentimentale

Diesem Kapitel kann man entnehmen, daß Spanien sehr gut ohne mich ausgekommen wäre, aber ich nicht ohne Spanien.

Die Partei war zufrieden mit meiner Arbeit und erstaunt über meine Urteile. Damit hatte ich gerechnet. Ich ließ also einige Tage verstreichen, während derer ich in meine Ideen ein wenig Ordnung brachte, bevor ich nach Rom fuhr, wo Giuliano schon ungeduldig wartete und Giancarlo mich mit Neugier bestürmte. Ich schrieb brav meine Berichte, einen für die Auslandsabteilung und einen für das Sekretariat. Der für die Auslandsabteilung geizte nicht mit Erfolgsmeldungen, schloß allerdings mit den Sätzen: »Es waren sehr interessante, aber auch traurige Tage für mich. Spanien ist nicht mehr wie 1936 oder 1939. Das Regime wird sich wahrscheinlich im Laufe der nächsten Jahre auflösen und in neue Strukturen übergehen, die sich von denen, die das Ende der anderen Faschismen markierten, unterscheiden werden, und die – sollte sich in der Opposition nicht einiges, ja beinahe alles ändern – mir wenig vertrauenerweckend erscheinen.«
Der Bericht für das Sekretariat war mit Problemen gespickt wie ein Nadelkissen; die heikelsten davon hatte ich mit Vorsicht gesetzt. »Mein Eindruck ist, daß die Verhältnisse in Spanien komplexer sind, als sie bei uns in der Presse dargestellt werden, vor allem, daß das Land einen relativ raschen Entwicklungsprozeß durchläuft, der mit der Zersetzung des Regimes von innen heraus einhergeht, einer Zersetzung, die vom Druck der Opposition zwar mitbedingt, aber nicht bestimmt ist.« Da war es also heraus. Doch der Hammerschlag kam erst noch: »Die Struktur, auf die sich diese Strategie stützt, scheint mir die Restauration der Monarchie mit dem jungen Juan Carlos zu sein, kombiniert mit Elementen der repräsentativen Demokratie.« Warum? Weil »anscheinend kein anderer Teil der Opposition eine vergleichbar klare Programmatik hat: Die Rechte behauptet sich als Kraft des Wandels, sie schlägt eine neue historische Erfahrung vor, das heißt konkret: die Liquidierung des Faschismus aus dem Innern der Klasse, die ihn geschaffen hat.«
Mit den spanischen Kommunisten ging ich relativ glimpflich um.

Ihre erste Hypothese, so schrieb ich, »scheint mit dem Scheitern des Streiks von 1959 hinfällig geworden zu sein. Das ist jedenfalls die Auffassung derer, mit denen ich gesprochen habe, die Einschätzung eines Kampfes, den die KPS in ihren Veröffentlichungen freilich anders bewertet. [...] Es besteht eine allgemeine Neigung zum Rückzug, deren Ursachen vermutlich in diesem mißlungenen Streik liegen. Er hat die Hoffnungen auf eine Volksbewegung, bei einigen sogar auf einen Volksaufstand, wie sie nach 1956 entstehen konnten, begraben.« Und ich fuhr fort: »Die Situation Spaniens heute gebietet wohl einen völlig neuen Ansatz im Kampf gegen Franco; er muß sich grundlegend von den traditionellen Operationskonzepten der Arbeiterbewegung unterscheiden. Die Beziehungen zwischen der Arbeiterschaft und der nationalen Bourgeoisie sind verändert; die Wunden des Bürgerkriegs sind nicht verheilt. Ich kenne zwar die jüngsten Veröffentlichungen nicht«, schränkte ich ein, »aber vielleicht sind die Vorstellungen der KPS selbst verantwortlich dafür, daß es nicht gelingt, die Opposition auf einer Linie zu vereinen.« Und zum Abschluß schrieb ich: »Die ganze Linke erschien mir zersplittert und in Schwierigkeiten. Möglicherweise übersehe ich dabei das effektive Potential an Bereitschaft zu Kampf und Revolte, das bestehen mag und in einer revolutionären Situation diese Zersplitterung überwinden könnte. Doch selbst wenn es dieses Potential geben sollte, so ist es jedenfalls nicht politisch artikuliert, und die Führungsgruppen der demokratischen Opposition sind nicht seine Repräsentanten.«

Ich erinnere mich heute nicht mehr im einzelnen an die Gespräche, die in Rom auf der Grundlage dieser eher zögerlichen Prognosen in der Auslandsabteilung stattfanden. Das Gespräch mit Giancarlo Pajetta, der sich weniger für meine Schlüsse interessierte als für das Material, aufgrund dessen ich sie zog, ist mir allerdings gegenwärtig geblieben. Er war wie immer wißbegierig, unersättlich und hörte mir geduldig zu. Kein Wort entging ihm. Spanien, das war für ihn und die Männer seiner Generation ein heroisches Stück Geschichte. Wir hatten uns in sein Auto gesetzt und fuhren hinauf zum Monte Cavo. Ich erzählte, Giancarlo widersprach, hatte manches auszusetzen. Zum Schluß sagte er: »Also, du meinst, es ändert sich nichts. Da hast du ja was Feines angerichtet.« So gingen wir auseinander.

Ich fuhr nach Mailand zurück, dann wieder nach Rom zu der Konferenz. Kurz zuvor erschienen in *Rinascita* zwei Artikel von

mir, die ich ziemlich einfallslos mit »Ibericus« zeichnete: publizistische Belanglosigkeiten, rücksichtsvoll gegenüber der KPS, Sätze aus Wachs.
Auf der Konferenz war ich miserabler Laune, abweisend und sehr unglücklich. Der Brancaccia-Saal, in dem sie stattfand, bildete eine ihr angemessene Kulisse: ein öder Raum, gut für den Tanz am Samstagabend. Das Publikum war zahlreich, viel guter Wille, geliebtes Spanien, nieder mit Franco, alle Welt schien auf den Beinen. Am Mikrophon lösten einander Redner ab, die ich nicht kannte. Ein mir ebenfalls unbekannter Mann verlas die Resolutionen, die aus Spanien eingegangen waren. Es waren viele, doch keine vermittelte die Erschütterung angesichts der Wahrheit, noch weniger den Zweifel, wie sie in den Worten und Gefühlen mitschwingen, wenn jemand direkt mit einem spricht. Die Katalanen hatten sich doch nicht auf einen gemeinsamen Aufruf geeinigt; die Anarchisten hatten den ihren zusammen mit dem der Sozialisten geschickt. Die Resolutionen und Stellungnahmen der inneren Opposition waren jedenfalls präziser und intelligenter als das, was die »ehemaligen Kämpfer« erzählten; diese freilich waren zugegen, jene nicht. Und einzig den einfachen und bestimmten Schriftstücken der politischen Gefangenen gelang es, die Mauer von Langeweile, hinter der dieser Kongreß sich verschanzt hatte, zu durchbrechen. War Federico angereist? Ich glaube nein. Auch Carrillo habe ich nicht bei dieser Gelegenheit kennengelernt. Ich stand an die mit gräßlicher roter Seide bespannte Wand gelehnt, als Giancarlo dicht an mir vorbeiging und – ich hatte ihm von dem Zorn der Leute von der Esquerra erzählt – murmelte: »Hechos y non palabras.« Wir hatten uns verstanden. Was hatte das hier mit meinem Spanien, mit meinen verschiedenen Spanien zu tun? Nichts. Es war etwas, das »erledigt« und »zum Abschluß gebracht« werden mußte; etwas, das man »mit Anstand« hinter sich zu bringen hatte. Die Wirklichkeit, die ich geschmeckt hatte, kam auf dieser Veranstaltung nicht vor; die Wirklichkeit läßt sich nicht »veranstalten«. Als bald danach die Streiks in Asturien ausbrachen, war ich in Mailand längst wieder mit meinen Angelegenheiten beschäftigt, und Pajetta rief mich an, bissig: »Da haben wir ja eine schöne Figur gemacht in *Rinascita*! Da platzt in Spanien die Beule auf, und du schreibst, es werde nichts geschehen.« – »Es wird nichts geschehen. Nichts, was du erhoffst.« Allerdings war ich in der Defensive; vielleicht hatte ich weniger gesehen, als es zu sehen gab, vielleicht war mir das Entscheidende, die Hoff-

nung, der glimmende Funke, entgangen. Doch es geschah nichts weiter, als was schon Amat vorausgesehen hatte. Die Bewegung wuchs, die Comisiones Obreras verstärkten sich, das Regime kapierte, paßte sich an und gab keinen Fußbreit Boden ohne Not preis.
Wir diskutierten, glaube ich, nie mehr über dieses Thema. Ein, zwei Jahre später sagte mir ein Genosse, dem ich den Fall von Federico und Claudín auseinandersetzte: »In diesem Moment wiegt es in der spanischen Partei wenig, recht oder unrecht zu haben. Das wird erst dann wieder zählen, wenn die Situation offener ist. Jetzt kann sie keinesfalls mehr tun, als sie ohnehin tut. Wenn du kannst, rate diesen Genossen, abzuwarten.« Die Genossen warteten nicht ab. Und so wurden sie denn aus der Partei ausgeschlossen, was für die Partei soviel bedeutet wie: aus der Welt geschafft.

Hier endet mein Bericht. Ich habe ihn im August abgeschlossen und inzwischen nicht wiedergelesen. Geschrieben habe ich ihn für meine Zeitung, fast täglich ein Kapitel, außer nach dem erschütternden Ereignis in Bologna, als es mir unverzeihlich erschienen wäre, in die Vergangenheit zurückzugehen. Ich zögere nach wie vor, diese Blätter wiederzulesen. Sie enthalten Fehler. Und wer weiß, wie viele Streiche die Erinnerung mir gespielt hat, indem sie verzerrte und falsche Transparenzen vorspiegelte. Wie kommt es, daß ich kein Wort verloren habe über den Boykott, den die gesamte spanische Opposition gefordert hatte, Boykott des Handels, der Touristik, des kulturellen Austauschs? Damals muß er mir unsinnig vorgekommen sein. Das ist jedoch kein Grund, den Appell zu ignorieren. Meine Aufzeichnungen klagen mich an. Doch dies ist kein Bericht über Spanien, es ist vielmehr ein Bericht über mich, darüber, wie ich mich vor fast zwanzig Jahren mit Spanien herumschlug. Ich befürchte, einige der jungen Genossen, die Abend für Abend diese Seiten in der Setzerei gelesen haben, werden nicht verstehen, daß auch dies ein Weg zur Erkenntnis sein kann: der Weg durch Leiden und Leidenschaften, durch Freundschaften und Kontroversen, durch Vertrauen und Abschied.
Für mich jedenfalls war diese Reise eine strenge Education sentimentale. In diesem Zeichen werde ich Spanien für immer im Gedächtnis bewahren; in diesem Zeichen habe ich 1967 sein Gesicht wieder gesucht, dann 1976, schließlich 1977 und 1978. Die Ent-

wicklung dort ist zum Teil so vor sich gegangen, wie wir vermutet hatten; zum Teil. Sie erwies sich nämlich als hochkompliziert. Vielleicht hätten wir damals den Stillstand klarer erkennen müssen. Zwar schien die Bewegung – die der Katalanen, der Basken, der Hermandades, der inzwischen stärker gewordenen Comisiones, der *vecinos**, kurz die Bewegung der Basis und der Nationalitäten – eine andere Richtung der Entwicklung anzudeuten. Aber diese andere Richtung gab es nicht. Die Linke fühlte sich vom Tempo ihrer Gegner unter Druck gesetzt und rieb sich in Querelen auf. So stießen die Pläne der Mächtigen auf keine entscheidenden Hindernisse, sogar die ETA spannten sie für einen kurzfristigen, wiewohl bedeutsamen Dienst an Madrid ein. Das neue Spanien war lediglich die Geburtshelferin für ein altes Projekt. In den ersten Wahlen maßen sich die Kommunisten an der Bewegung, die sie aufgebaut hatten, und bekamen ihr Gewicht in Wählerstimmen ausgedrückt, nicht mehr und nicht weniger. Jenseits ihres Einflußbereichs fanden sie weder Verstärkung noch Resonanz, wie das nach 1945 der Fall gewesen war. Der Rest war und ist politisches Manöver. Und im übrigen sind zugestandene Freiheiten nur halbe Freiheiten. »No hubo un dia de fiesta«, sagte mir Xavier im Jahre 1976. Nein, es hatte keinen Festtag gegeben. Seitdem vergleiche ich Spanien mit meinen Erfahrungen dort in jenen fernen Jahren. Doch ich spreche mit niemandem darüber, aus Furcht, man könnte mir sagen: Nein, so war das nicht. Einmal habe ich in Barcelona das Café wieder ausfindig zu machen versucht, in dem ich 1962 meine Verabredungen mit den leisen Boten hatte. Vergebens. Inzwischen habe ich es aufgegeben, das Profil von Häusern, an das ich mich zu erinnern glaube, wiederzuentdecken, den Staub in den Schaufenstern, die Ladenschilder, an denen ich mich damals orientierte. Städte sind lebendige Wesen, also wandeln sie sich. Das Faszinierende an einem Roman ist die Einheit von Zeit und Ort; das Fatale an den Erinnerungen ist, daß Zeit und Ort in sie eingehen wie die Fäden in ein Gewebe; zuletzt bleibt allein das Gewebe übrig, unausweichlich und gegenwärtig, stückweise entzifferbar; es dämpft die Emotionen, verwischt die individuellen Schicksale und die Bilder. In diesem Gewebe, Sektor Spanien, habe ich einen Monat meines Lebens verbracht, nutzlos für Spanien, ausschlaggebend für mich. Es war eine gute Lek-

* Nachbarschaftskomitees. *A. d. Ü.*

tion, eine von denen, aus denen man ausgewrungen hervorgeht. Ist dies das Leben? Meines jedenfalls. Doch da ist noch das der anderen, denen ich auf meiner Reise begegnet bin. Ich weiß wenig von ihnen, und ich stelle fest, daß viele von ihnen zu den Bildern gehören, denen ich nun nicht mehr nachspüre, um den Platz in meinem Kopf Gestalten zu überlassen, die 1962 für mich noch nicht existiert haben.

Fangen wir von vorne an, mit Federico. Federico ist von Jorge Semprún in seinem großen Buch* »abgeschafft« worden, doch sein Schatten folgt ihm, so daß wir bei unseren Treffen stets zu dritt sind. Von den Katalanen haben immerhin die Intellektuellen ihr Programm verwirklicht: Josep Maria Castellet ist nach wie vor, auch in der Demokratie, der bedingungslose Kritiker, der er bereits damals war. Die Brüder Goytisolo habe ich nicht wiedergesehen. Doch was ist übriggeblieben von der politischen Szenerie des Jahres 1962 im unruhigen Katalonien von heute? Wahrscheinlich einzig die Esquerra.

Professor Juan Reventós, der mich 1962 in Kontakt mit den Arbeitern brachte, ist heute ein wichtiger Mann der Sozialisten. Die Kommunisten haben sich mir damals entzogen, und sie sind mir auch heute nicht vertraut. Von den drei Anarchisten habe ich nie wieder eine Silbe vernommen. In Madrid habe ich Gabriela, noch schöner und wilder als damals, wiedergesehen, am Wahltag, als sie mit einem Kombiwagen voller Flugblätter der KPS durch die Stadt fuhr. Xavier war aus der KP ausgetreten oder ausgeschlossen worden. Er war hager geworden, ein spröder Eigenbrötler. Sein Herz ist von der gescheiterten *huelga* 1959 zerrissen worden. Mitglieder der Partei sind nach wie vor Armando López Salinas und Ramón, die Freunde, mit denen zusammen ich auf der Straße bei Tolédo den Autounfall hatte. Armando ist Federico nicht gefolgt, er gehört zu denen, die sich lieber mit der Partei irren. Kein Glück gehabt hat Gil Robles; manchmal ist die Geschichte gerecht. Kein Glück gehabt haben die Christlichen Demokraten; die Geschichte ist manchmal sonderbar. Ich weiß nicht, was aus der FLP um Julio Cerón geworden ist. Die radikale Linke in Spanien hat sich in Hunderte von neuen Gruppen aufgesplittert; ihre innere Biographie gleicht der unseren.

Don Manuel Jiménez Fernández, der mich in Sevilla so er-

---

* *Federico Sánchez. Eine Autobiographie. – A. d. Ü.*

schreckt hat, lebt nicht mehr. Und wo mögen heute Professor Céspedes und seine Schüler sein? Wahrscheinlich auf der Seite von Suárez. Sie sind aus meinem Blickfeld verschwunden. So viele Gesichter, Worte, Prognosen, Ängste, Risiken, die wir für einige Stunden miteinander teilten, um uns dann aus den Augen zu verlieren ... Mein Gedächtnis hält von ihnen nur Umrisse, Zeichen, Reflexe fest, Fragmente aus Realität und Irrealität. Die achtzehn Jahre seitdem sind angefüllt mit anderen Bildern und Erfahrungen, und diese stehen wie dunkles Glas vor dem Vergangenen.

Dann das Baskenland. Hier, wo die verflossenen achtzehn Jahre alles verändert haben, arbeitet meine Erinnerung hingegen klar. Aber diejenigen politischen Konstellationen, die mir damals überaus verheißungsvoll vorgekommen waren, sind von der Geschichte, die anders verlief, zugeschüttet oder vernichtet worden. Und selbst die Personen sind in den Schlagschatten geraten. Antonio Amat habe ich in den Erinnerungen meiner Freunde niemals so wiedererkannt, wie ich ihn erlebt hatte. Als es die PSOE dann als Partei gab, war es weder die von Llopis noch die seine, sondern die von Felipe Gonzales. Irgend jemand hat mir erzählt, Amat sei krank und habe resigniert. Ich weiß nicht, ob das stimmt. Ich weiß nicht einmal, ob er noch am Leben ist.

Was meine beiden Freunde in San Sebastián anlangt, die Santos', die sich wie Könige an der Grenze bewegten und mir bereitwillig zu ihrem Haus und zu ihren Gedanken Zutritt gewährten, so hat man mir kürzlich berichtet, daß Rocío eines Tages in der Küche ihres Hauses tot aufgefunden worden sei, vor geöffneten Gashähnen; vielleicht war es ein Unfall. Der Wagen von Martín sei wenige Wochen danach an einem Felsen – vielleicht einem, den ich an dem trüben, regenschweren Morgen meiner Abreise passiert habe – zerschellt.

Nachwort 1981: Die Zerstörung der Formen

Dieser Bericht ist zwischen dem 31. Juli und dem 22. August 1980 geschrieben worden, in ziemlich regelmäßigen Fortsetzungen. Eine Fortsetzung – nach dem Attentat von Bologna – blieb ungedruckt; die Entscheidung darüber fiel am Morgen des 21. August, während die Agenturnachrichten, hektische Telefonanrufe und die ersten Fotografien vom Anschlag die Redaktion mit einem Alp aus Blut, Schrecken und Angst überzogen. Keines der Kapitel dieses Berichts habe ich im voraus, sozusagen auf Vorrat geschrieben, selbst wenn ich die Zeit dazu gehabt hätte, z. B. sonntags oder in den Tagen des Ferragosto, so als befürchtete ich, bei ausreichend Muße das Vorhaben doch noch abzubrechen: eine Begebenheit nachzuzeichnen, die ich bereits mehrfach bedacht hatte und die, wie mir schien, nun endlich schriftlich festgehalten werden mußte. Über die Schwierigkeit, die damit verbunden war, hegte ich keinerlei Illusionen. Ich schrieb ja nicht wirkliche Ereignisse auf, sondern das, woran ich mich aus einiger Distanz noch erinnerte. Und weshalb erinnerte ich mich an das eine und nicht an das andere? Dieser Monat im Jahr 1962 in Spanien hat dreißig Tage gedauert, sieben- oder achthundert Stunden, und nur wenige davon sind mir gegenwärtig geblieben: ein bestimmter Anblick, einzelne Konstellationen und Gesichter, ja sogar das Rascheln der Blätter unter meinen Füßen in Sevilla. Doch ich wüßte nicht verbindlich zu sagen, wie viele Tage ich mich damals in Madrid aufgehalten habe. Das, was ich rekapituliere, als wäre es gestern vorgefallen, ist in Wahrheit der Bodensatz des Vergessens, ein Produkt von Ausschluß und Entzug, so wie ein Relief aus der dunklen Hintergrundfläche hervortritt. Als ich eines Abends die Notizen zusammensuchte, die ich mir nach dem Grenzübertritt gemacht hatte, fielen mir ein paar Visitenkarten, nobel, in schöner Typographie und mit wohlklingenden Namen darauf, in die Hand, und sogleich tauchten andere Personen, andere Schauplätze vor mir auf als die, die ich behalten hatte, und rüttelten an den Riegeln des Gedächtnisses. Erfolglos befragte ich zwei Seiten

Notizen, die ich noch in Spanien niedergeschrieben hatte und die damals hochbedeutsam gewesen sein mußten, denn ich hatte, indem ich diese Notizen machte, eine Regel der Illegalität verletzt. Doch jetzt, während ich über ihnen brütete, blieben sie stumm – sie waren verschlüsselt, und es gelang mir nicht, den Kode zu rekonstruieren. Im Unterschied zu den Ambivalenzen der Gedächtniserforschung sind dies jedoch unwiderlegbare Dokumente, Fragmente von 1962, die seit damals unverändert ruhten. Aber sie sagen mir nichts, so als hätte sich die Erinnerung an diese Reise sofort danach gebildet und strukturiert, zufällig und definitiv, eine fensterlose Monade.
So ist der »belichtete Film« als einziges reales Dokument einer Frustration erhalten geblieben, ein Bild von einem Land, das sich mir entzieht, voller Bedeutungen, die sich nun als verbraucht erweisen, und das mir jetzt andere Bedeutungen zuspielt, die zu erschließen und zu kombinieren mir nicht glückt. Ein Mahnmal meiner Unfähigkeit und meiner Irrtümer. Es hatte sich in meinem Kopf festgesetzt, und nun wollte ich es endlich enthüllen.
Warum ausgerechnet in diesem Sommer? Die harmlose Erklärung dafür ist, daß Ende Juli *Il manifesto*, meine Zeitung, wieder einmal im Koma lag, aus wirtschaftlichen Gründen und infolge der nicht zufälligen Unachtsamkeiten derer, die über die Angelegenheiten des Verlagswesens bestimmten. Um zu überleben, beschlossen wir, halsbrecherisch den Preis zu erhöhen. Aber wie es anstellen, daß die Leser, die ohnehin im Sommer schwinden, sich nicht angesichts der 500 Lire – die kleinste Zeitung wurde so zur teuersten – gänzlich verflüchtigten? Die italienische Saison, die bis Ende Juni bewegt gewesen war, schien im August zu verdämmern, die amerikanischen Wahlen würden erst im September Schlagzeilen machen. Eine Zeitung lebt von Ereignissen, und seien es gleich entsetzliche; doch Ereignisse waren nicht in Sicht. Wir ließen uns daher, soweit Hitze und Erschöpfung es gestatteten, ein paar Anreize einfallen. Ich beispielsweise erinnerte mich, daß ich eine Spanienreise im Gedächtnis gespeichert hatte. Ich wollte davon erzählen, im Vertrauen auf die bewährte Leserfalle: Wenn du wissen willst, wie's weitergeht, dann kauf die Zeitung auch morgen.
Doch plötzlich explodierte dieser August, den wir als reglos prognostiziert hatten, von Ereignissen, vom Attentat in Bologna bis zum Aufbruch der Arbeiterbewegung im Osten, beides unvorhersehbar, jenseits des Kalkulier- und Denkbaren. Für die Zeitung

bedeutete dies Anspannung bis ins Mark. Was offenbarte sich in dem Blutbad von Bologna, das so grauenhaft war, daß es blinder Zufall schien? War es möglich, daß die Krise des Ostblocks von der historisch richtigen Indikation her wieder aufbrach? Der Bericht von meiner vergeblichen Reise wurde zum bloßen Füllsel, an gewissen Tagen geradezu hinderlich, wenn ich Analysen und Kommentare zu schreiben und eine Gratwanderung zwischen Unwägbarkeiten zu unternehmen hatte: Waren es die Faschisten gewesen oder nicht? Würden die Russen in Polen einmarschieren oder nicht? Und so nahm denn auch mein Erzählen, das ich leichthin begonnen hatte, bald die Farbe von tragischen Bildern an, oder von Hoffnungen, die in Tragödien umschlagen können, die Tönung des Zweifels, die zu jenem fernen Monat in Spanien besser paßte als die muntere Unbeschwertheit, in der ich zunächst seinen Fährten gefolgt war.

Im übrigen hatte ich keine Zeit, auf die Form zu achten: Für die Zeitung arbeiten heißt, auf limitiertem Raum und zu festen Terminen arbeiten. Und so schien meine Geschichte von selbst voranzugehen. Die Darstellung hatte zwar einen Anfang, eine Entwicklung und ein Ende, das sinnigerweise mit dem Datum zusammenfiel, an dem in Danzig die Flamme loderte, und sofort galt es zu erfassen, was sich dort an der Ostsee abspielte, um zu begreifen. Aber ich brauchte nicht zu kürzen. Der Bericht von meiner Reise endete sozusagen mit der gleichen Endgültigkeit, mit der sie selbst eines Tages, ich weiß nicht an welchem, an der baskischen Grenze zu Ende gegangen war.

Rom war in jenen Tagen, als ich die Geschichte niederschrieb, vom Sommer gebannt. Spät abends, wenn ich auf der Terrasse saß, die Dunkelheit einzig von den Straßenlampen, die Stille nur von den Tönen aus einer Kassette, die man mir aus Warschau geschickt hatte – Chopin, dramatisch, leidenschaftlich, die Partitur der Ereignisse in Danzig –, durchbrochen wurde, dann beschwor jede Frage die nächste herauf. Die Zweifel der Gegenwart – wie würde es in Polen enden? – weckten die der Vergangenheit, brachten die genügsamen Selbstverständlichkeiten ins Wanken. Warum erzählte ich von dieser Reise, warum jetzt und nicht, als sie stattgefunden hatte oder, mit einigen Vorsichtsmaßnahmen, sofort danach? Warum nicht, als Franco gestorben und die Vorsicht überflüssig geworden war? Warum nicht, als ich wieder nach Spanien gereist war? Jener Monat im Untergrund lag offensichtlich weit zurück, fiel aus dem Rahmen.

Zum ersten Mal erwog ich im Sommer 1965, von meiner Reise zu erzählen. Ich erinnere mich gut daran und auch an den Ärger darüber, daß ich es nicht schaffte, an das Selbstmitleid, das mich erfaßte, weil ich mich gebunden fühlte an Verpflichtungen, die ich eingegangen war und die mich nun hinderten, den Vorsatz auszuführen. Heute ist mir klar, warum ich 1965 diese Dringlichkeit und diesen Ärger empfand; dann gingen beide unter, bis 1980.
Auch im August 1965 war ich in Rom; es war der erste nach dem Tode Togliattis. Ziemlich widerwillig machte ich mich mit dem Gedanken vertraut, daß der Zustand des Abwartens und der möglichen Kraftentfaltung, in dem meine Partei gelebt hatte, solange sie von Togliatti geführt worden war, nun beendet war und daß die Nachfolge eine Wahl verlangte, die nicht meinen Wünschen gehorchen würde. Die Jahre von 1960 bis 1964 waren herrlich gewesen: Die verknoteten Probleme der Vergangenheit fanden Lösungen, noch galten Problemlösungen nicht als Buchhalteroperationen, sondern als Herausforderungen. Und in ihnen erschloß sich die Gegenwart. Die Zeichen der Zeit waren auch von dem alten Mann der Internationale für bedeutsam erkannt worden, und tatsächlich hatte er keine Lust zu sterben, denn in seiner Weise empfand er die Notwendigkeit, einzugreifen, sehr genau. Und uns Jungen schien es, als schickte er uns zu eben diesem Zweck auf die Jagd, freie Bracken, die das Wild aufspüren sollten. Togliatti starb in einem Ferienlager am Schwarzen Meer, müde, skeptisch und gepeinigt von der Frage, was er denn in der UdSSR bei Chruschtschow solle (den er nicht schätzte und der ihm nicht zuhörte), anstatt unter den Tannen seines geliebten Aosta-Tals Pläne zu schmieden.
Im August 1965 jährte sich also sein Todestag zum ersten Male, und man bat mich, über Togliatti und sein Verhältnis zur Kultur einen Aufsatz zu schreiben. Mich beschäftigte jedoch vor allem sein später Wechsel des Blickwinkels, und ich fragte mich, wieviel von seinem Wissen er wohl in den letzten Jahren für unbrauchbar befunden haben mußte, wie sich sein integraler Historismus mit dieser Erfahrung vertragen und was ihn mehr als andere für eine Neubestimmung der Konstellation und der Subjekte sensibilisiert haben mochte. Klar war mir nur, weshalb er sich noch einmal an die Geschichte der Internationale gesetzt, seltene und skandalöse Dokumente hervorgeholt hatte, die freilich nur von wenigen beachtet wurden, weil in jenen Jahren alle auf die Gegenwart starr-

ten. Ich bin überzeugt davon, daß er diese Geschichte aufzuhellen wünschte, damit sie sich den Späteren als das darstelle, was sie war: ein shakespearisches Drama, kein Horror-Film. Ich weiß nicht, bis zu welchem Punkt er in dieser Wahrnehmung einer Veränderung der Dinge gelangt ist, einer Wahrnehmung, die ihn verpflichtete, auch sich selbst als Teil der verflossenen Geschichte zu begreifen. In jenem letzten Jahr seines Lebens war ich ihm häufig begegnet, frühmorgens, bevor die Konferenzen begannen und das Haus in der via delle Botteghe Oscure in lärmender Betriebsamkeit erstickten. Ich suchte einen Vorwand, ging hinunter, fragte ihn aus; er antwortete mit seiner tiefen Stimme, die sehr sicher klang, und ab und zu mit einem bohrenden Blick.
Ich weiß, daß mir sein inzwischen offenbares, geradezu boshaftes Zweifeln bedeutsamer erschien als die Aura seiner »Verdienste«, wie sie in Gedenkritualen aufgezählt und aneinander gereiht zu werden pflegen. Also handelte ich von seiner »Ungleichzeitigkeit«, wie man das heute nennt, ohne zu ahnen, daß damit die Serie der Unannehmlichkeiten für mich eröffnet war. Ich handelte davon, weil es, wie mir schien, jetzt darauf ankam, die Vergangenheit nicht zu glorifizieren, sie vielmehr zu prüfen und zu sichten, jetzt, da sie zu Ende ging und, recht befragt, manches Rätsel lösen helfen konnte.
Zu dem, was nun zu Ende ging, gehörte wohl die Überbetonung der politischen Rekrutierungsrolle des Antifaschismus. Das war ganz und gar verständlich. Die Kommunistische Partei hatte die Entwicklung des neugeborenen Italien zum totalitären Faschismus miterlebt, war aus dem gleichen Zusammenhang hervorgegangen wie ihr historischer Gegner und war daher versucht, nicht nur die Vergangenheit, sondern auch die Gegenwart und die Zukunft nach diesem Schema zu interpretieren: Wir waren eine rückständige Gesellschaft, ein Lumpenkapitalismus, schleppten die Bürde des Mezzogiorno mit; der Nährboden, auf dem der Faschismus gediehen war, war noch immer derselbe, die bürgerlich-demokratische Revolution mußte erst noch vollendet werden, sie galt als die notwendige Durchgangsstation, die Garantie gegen die Wiederkehr der Barbarei.
Aber seit 1956 waren noch andere Karten im Spiel. Denjenigen, die sich weigerten, den Kommunismus zu akzeptieren, weil sie ihn nicht vom Terror trennen konnten oder wollten, schien diese unsere nationale antifaschistische Allianz – die sich übrigens im Nachkriegsitalien ehrenhaft bewährt hatte – eine Art Sicherheits-

versprechen für die Zukunft zu sein. Die Befürchtung, daß die Entwicklung bis dicht an die Mauer führen könnte, die uns vom Sozialismus trennte, sollte entkräftet werden (vielleicht war der Sozialismus schon diesseits? Vielleicht gab es die Mauer nicht?); vor allem aber mußten wir uns auf Übergänge einlassen, da Brüche überaus schwierig und schmerzlich sind. Die Artikulationen der Gesellschaft, die Beobachtung der Machtgruppen – es gab deren viele –, die Wiederentdeckung des verschmähten »Überbaus« (die Parole von der Autonomie der Politik war noch nicht in Mode, ging aber später von hier aus) luden uns zur Kontinuität ein. Im übrigen hatte derjenige Teil der KPI, der nach 1945 in Kategorien des Bruchs dachte, analytisch noch ärmlichere Begriffe verwendet.

Doch paradoxerweise seit dem Juli 1960, mit der Verschiebung der bürgerlichen Aspirationen hin zum Centro Sinistra und mit der raschen »Modernisierung«, die eine Veränderung des Gleichgewichts und der Physiognomie der gesellschaftlichen Subjekte, der Ausgebeuteten ebenso wie der Ausbeuter, einschloß, verlor das antifaschistische Raster seinen Sinn. Seine Rolle schien in der Tat begrenzt und befristet zu sein, so sehr, daß die herrschende Klasse, wie eine Schlange im Frühling ihre Haut, den Faschismus abstreifen, seinen Bazillus neutralisieren konnte. Hatte meine Sondierung in Spanien das nicht bestätigt? War nicht der Ausschluß Federicos und Claudíns der Beweis dafür, daß die Kommunisten sich mit Verspätung Rechenschaft über diese Tatsache ablegten? Hatten wir selbst nicht ein Jahr zuvor einen Fehler gemacht, als wir die Krise der IV. Republik in Frankreich in der alten Manier interpretierten? Die Front hatte sich verschoben. Die zentrale Frage war nicht mehr die nach der Abschaffung des Faschismus, sondern die nach der Überwindung des Kapitalismus. Wer sie nicht wahrhaben wollte, suchte ihren Konsequenzen auszuweichen.

Aus diesem Grunde wollte ich im Sommer 1965 meine Erinnerung an Spanien befragen, sie testen und hören, welchen Klang sie gab. Ich unterließ es, fand nicht die nötige Zeit dazu. Bald darauf begannen die Vorbereitungen für den XI. Parteitag der KPI, auf dem das zentrale Problem, freilich unausgesprochen, das oben beschriebene war und der mit dem Sieg derer, die weder damals noch später dieses Problem wahrhaben wollten, endete. Und dieser Sieg bedeutete meinen Ausschluß. De facto hat man mich zwar erst drei Jahre später ausgeschlossen, aber die Trennung fand damals statt, als ich, zum ersten Mal seit 1943, aufhörte, »innerhalb der Partei und für sie« zu denken, aufhörte, ein Teil dieser nicht näher definierten Gruppierung zu sein, die Vorstellungen hegt wie jedermann, sich den Kopf anrennt wie jedermann, die Anstöße gibt oder abfängt wie jedermann. In Mailand hatte ich, Zug für Zug, meine Arbeit unter den Intellektuellen reduziert und war in das Bezirkssekretariat eingetreten, das schwierig zu verwalten ist. Mailand ist überhaupt eine schwierige Stadt, die große Wiege der Macht, Metropole im Wandel, ein Ort, wo es damals darauf ankam, den alten und den neuen Arbeitertypus, den alten und den neuen Unternehmertypus zu verstehen, um die Achse der Partei vom meridionalistisch-nationalen Konzept wegzuverlagern und sie, in den sechziger Jahren, noch einmal als »Klassen«-Partei zu konzipieren. Ich verließ Mailand im Dezember 1962 nur widerstrebend, ich war in die Zentrale abberufen worden, um dort die Kulturabteilung zu leiten. Die Macht, die mir nicht ohne begründete Vermutung meiner Heterodoxie anvertraut worden war, benutzte ich dazu, diejenigen Entwicklungstendenzen zu befördern, von denen ich mir eine Umgestaltung des Landes versprach und die mir in Mailand überaus evident erschienen waren. Gleichzeitig eröffnete ich wieder die theoretische Diskussion, indem ich die Klassiker der Häresie rehabilitierte, anstatt dem Maler Hinz oder dem Regisseur Kunz nachzulaufen. Undeutlich nahm in meinem Kopf, wie in anderen Köpfen auch, ein »linker Revisionismus« Gestalt an.

Dies allerdings erwies sich nun, nach dem Tode Togliattis, der dergleichen Unternehmungen und Neigungen im Vertrauen auf seine Integrationsfähigkeit und seine Autorität befürwortet hatte, als ein heißes Eisen. Das Jahr 1965 hatte nicht nur Debatten über die »Linie« der Partei, sondern auch um die Macht in der Partei ausgelöst, denn wohl oder übel mußte einer die Macht übernehmen, jetzt, da wir ohne charismatische Intelligenz, ohne Netz arbeiteten. Auf dem Parteitag, der diese Kraftprobe beendete, wurde der unruhige Flügel der Partei zum Schweigen gebracht – und ich mit ihm. Ich fand mich wieder als Abgeordnete, durch die Büros, Säle und Korridore des Montecitorio irrend, eine Prominente, der man nahelegte, in den Ruhestand zu treten und mit Bedacht Bücher zu schreiben. Mit dem Mandat für die Kammer lieferte mir die »strafende Familie« im Grunde die Mittel, mein Leben zu fristen, und die Zeit, Sätze zu bauen.

Niemals indes habe ich meine Mittel weniger zum Leben und

meine Zeit weniger zum Schreiben gebraucht als damals. Ich leckte wütend meine Wunden. Man hatte mich vor die Türe gesetzt. Ich war 43 Jahre alt. Die Rückkehr zur privaten Verwaltung meiner Intelligenz – angenommen, sie existierte – war nicht meine Sache. Und niemand muß mich erst darauf hinweisen, daß ich weder Hegel noch Marcuse bin. Kurz, ich klagte und fauchte, und da ich ein fleißiger Mensch bin, beschäftigte ich mich mit Universitätsreform, bis der Herbst 1967 und das Jahr 1968 meine Melancholie hinwegspülten, die Kommunistische Partei, betroffen, für einige Monate die Karten neu mischte, neue Wege bahnte, ja, nach dem Einmarsch der Truppen des Warschauer Paktes in die ČSSR sich zu verpflichten schien, sie tatsächlich zu beschreiten. Aber die Illusion dauerte nicht lange. Sie zerplatzte an einem Juliabend 1968, als mir – auf einem traurigen und endlosen Spaziergang – noch einmal die Gründe auseinandergesetzt wurden, warum die Partei behutsam vorgehen müsse, warum sie sich nicht zwingen dürfe, da sie andernfalls zerbräche. Da gab es also auf der einen Seite diese an der Basis brodelnde und in der Führung verkalkte Körperschaft und auf der anderen Seite eine Gesellschaft in Aufruhr. In jenen Tagen spannen wir die ersten Fäden für »Manifesto«, genauer für das, was es werden sollte, und da ich nie daran zweifelte, daß dies bekannt werden würde – für die Parteiführung war es eine unerträgliche Herausforderung –, litt ich unter dem Ausschluß 1969 nicht halb so schwer wie unter dem Bruch 1966. Sie schlossen uns aus. Doch wir waren nicht auf uns selbst zurückgeworfen, sondern in einen geschichtlichen Prozeß entlassen, in dem es zu navigieren galt. Eine neue Arbeit begann, keine Väter mehr, kein organisatorischer Rückhalt mehr, aber insgesamt war es das, was ich konnte und wollte, das einzige, was für mich zählte.

Ich glaube nicht, daß ich in jener oder in der folgenden Periode an meine Spanienreise gedacht habe. Vielmehr schien sich die ohnehin fragile Bedeutung dieses Ausflugs nun gänzlich zu verwischen, das Fragment, das ich kurz erblickt hatte, wie ein flüchtiges Agglomerat aufzulösen: Spanien war eine eingesponnene Puppe. Mitte der sechziger Jahre war die Verpuppung aufgesprungen, und die großen Veranstaltungen rund um das Ende Francos, wovon wir 1962 gesprochen hatten, waren nichts im Vergleich damit, daß hier Leute, Personen wiederauftauchten, nicht vor allem die traditionellen Parteien also – und wenn doch, wie im Falle der

Kommunisten, dann stark verändert –, sondern vielmehr dieses abwartende, verstummte Volk, auf das die Genossen im Verlaufe unserer nächtlichen Unterredungen in Madrid und in Vitoria gesetzt hatten. Jetzt ergriff es das Wort. Es bildeten sich die ersten Arbeiterorganisationen, die natürlich in Katalonien und im Baskenland am stärksten waren; die ersten zivilrechtlichen Vereinigungen; die Komitees für Amnestien; die Stadtteilräte. Und es war der niedere Klerus des Konzils, der die Isolation der niemals unterworfenen Abtei von Montserrat durchbrach.

Doch das Spanien im Untergrund rührte sich nicht nur, während der greise Diktator noch seine Intrigen spann, sondern es rührte sich auch in anderer Weise, als nach der vorangegangenen blutigen Auseinandersetzung, unter der Bürde des Bürgerkriegs, dieses Alps, der an der Schattenlinie lauerte, wo die Gespenster hausen, zu befürchten gewesen war. Diesmal ging dieses Volk so vor, als wüßte es genau Bescheid über die gesellschaftlichen und politischen Bewegungen im Ausland, in Italien zum Beispiel; über dieses »Politikmachen«, das weder reine Forderungstaktik noch die klassische Revolution war, sondern die Untergrabung der Herrschaftsordnung von ihren Fundamenten her: Subversion, eine neue Idee der gesellschaftlichen Assoziation, eine querläufige Lebensweise und ein neuer Blick, mit dem die Menschen Arbeit, Macht, sich selbst und ihre Freiheiten zu betrachten sich anschickten. Kurz, es handelte sich um den bis zum Überdruß zitierten alten Maulwurf, der sich ans Werk gemacht hatte: 1962 hatte ich nichts als eine platte Wiese gesehen; jetzt wölbten seine verdeckten Gänge die Erde Spaniens.

Und was weiter? Während des allmählichen Zerfalls des alten Regimes hatte das 1939 brutal stummgemachte Volk seine Sprachfähigkeit zurückerobert. Nun, nach dem Tode des Diktators, der ein nicht zu unterschätzendes Symbol der Immobilität gewesen war, würde es dessen Erbe zerschlagen, den Bunker sprengen, würde es den jungen König, eine in Akademien und Palästen geformte Figur, absetzen; es würde selbst Protagonist werden oder zumindest dem alten Staat ein Kräftegleichgewicht aufzwingen. Meine Reise schien doppelt vergeblich gewesen zu sein – sie hatte Spanien nichts genützt, und ich hatte ein Land in einer seiner formlosen Stunden wahrgenommen, ein indiskreter Blick auf jemanden, der gerade erwacht oder von einem Zimmer ins andere geht ...

Und doch, als ich 1976 wieder nach Spanien kam, diesmal nicht nur auf der Durchreise (zweimal hatte ich auf dem Weg von oder nach Havanna in Madrid Aufenthalt gehabt, aber beide Male nicht mehr als ein Hotelzimmer, einen Winkel im Museum, einen Freund gesehen), stieg die Erinnerung an 1962 wieder herauf, schillernd und irritierend, so als sei jener Übergang nicht lediglich Übergang, jener Augenblick nicht gänzlich belanglos gewesen. Franco war tot (niemand ist so langsam gestorben wie er, ja, hat es verstanden, aus einem Sterben effizientestes Leben zu machen, sofern das unaufhörliche Intrigieren der Macht und mit ihr Leben genannt werden kann), und eine immense Erwartung – von was? der wahren Befreiung? der wahren Demokratie? – zirkulierte im Land. Der Maulwurf hatte die schützende Deckung verlassen und war ans Tageslicht getreten. In Atocha und, unter gewissen Restriktionen, in der Calle Castelló hatten die Comisiones Obreras bescheidene Büros eingerichtet, mit Klingel, regulärem Namensschild und Besuchszeiten. Das Büro der Kommunistischen Partei besaß zwar kein Namensschild, aber es wurde sichtbar angekündigt von den Haßparolen, die eine Faschistengruppe auf die Häuserfronten gekalkt hatte. Und die Sozialistische Partei, nach deren Existenzbeweisen ich 1962 ohne sonderlichen Erfolg geforscht hatte, trat nun in Gestalt eines eleganten Jünglings mit Kindergesicht und beeindruckenden internationalen Verbindungen hervor. Zeitschriften, Bücher, Zeitungen blühten. Eine neue Generation meldete sich zu Wort, die völlig verschieden war sei es von der des Bürgerkriegs, sei es von der in der Zeit des Schweigens.

Gleichwohl stimmte etwas nicht. Es traf zu, daß Spanien sich regte, der Übergang vollzog sich nicht so, wie meine Freunde vom Centro Sinistra 1962 vermutet und meine Genossen befürchtet hatten; die Kommunisten waren durchaus dabei, obschon nicht an der Spitze. Es traf zu, daß Spanien sich regte – innerhalb des gewährten Spielraums, gewährt von denen, die jederzeit wieder Repressionsmaßnahmen ergreifen konnten. Ein unausgesprochener Kompromiß funktionierte, ein unsichtbarer Kode, den alle respektierten: Die Veranstaltungen fanden an bestimmten Orten und unter gewissen Beschränkungen statt, den Sozialisten standen mehr solcher Orte zur Verfügung bei weniger Auflagen, den Kommunisten weniger Orte bei mehr Auflagen. Die Presse war frei, jedoch innerhalb klarer Grenzmarkierungen – hier und da ein Adjektiv für Felipe, den neuen Mann der Sozialisten. Doch keinerlei Anzeichen für einen Bruch, der zu einem bestimmten Datum stattfindet und der festlich begangen wird, wie ich das in

Portugal erlebt habe; nichts von diesem erleuchtenden Rausch, den ich dort auf den Straßen verspürt habe, kein Erbeben der Massen, keine angespannte und freudige Erwartung, kein beflügelnder Geschmack der Freiheit. Dieses neue Spanien kam bereits weise und vermittlerisch auf die Welt. Es erschien, wie Franco gestorben war: mit kleinen, unmerklichen Schritten, so, als müsse man achtgeben, um nicht jemanden aufzuwecken, ein nicht genauer definiertes, jedoch bedrohliches Wesen, nicht so sehr eine Figur oder eine Gruppe, vielmehr eine Art Sache, eine Substanz, die, einmal reaktiviert, augenblicklich zu Blut und Katastrophe gerönne; die es leise und vorsichtig (und ohne daß sie es selber merkte) umzuwandeln galt, damit sie, sollte sie sich jemals wieder ihrer fürchterlichen Kraft innewerden, sich gebändigt oder wenigstens unwirksam wiederfände.
Darin bekundete sich eine seltsame Akkordanz mit jenem Duckmäusertum von 1962, das Kontinuitätssyndrom einer Gesellschaft, die in zwei oder drei Teile gespalten war, sich auf engstem Raum und innerhalb unüberschreitbarer Grenzen bewegte, außerstande, sich als Einheit zu denken – sie war nicht von einem jener großen Aufschwünge erfaßt und durchgerüttelt worden, die einen sozialen Aggregatzustand in einen qualitativ anderen überführen, so wie der Handgriff dem Teig seine endgültige Form verleiht und den Laib in den Ofen schiebt. Also war ich 1962 keiner Täuschung aufgesessen, sondern hatte ein Stück von Spanien erkannt, den Reflex der Kontinuität seiner Existenzweise, etwas, was erlernt und erworben war, ein für alle Mal, vor langer Zeit und unter Qualen. Doch immer noch mißtraute ich meinen Erinnerungen; schließlich erschienen sie mir kleinlich.

Die Entwicklung in Spanien ging voran, in der Tat. Aber sie schleppte dieses Stigma mit sich, und zunehmend weniger vermochte ich es als Zeichen überraschender Reife zu deuten – heutzutage entstehen die Demokratien in dieser Weise, ohne Spektakel und ohne fundamentale Eruptionen. Nachdem Franco einmal tot war, entpuppte sich Juan Carlos nicht als Marionette, sondern als eine Art Superpräsident, der mit mehr Phantasie begabt war als Manuel Jiménez Fernández oder Dionisio Ridruejo. Seinen ersten Trumpf spielte er aus mit dem Appell an die Loyalität des Militärs, das die Legalisierung der Kommunistischen Partei hinnehmen mußte. Dann, nachdem er Arias Navarro ausgeschaltet hatte, betraute er mit der provisorischen Regierung nicht die Antifaschisten der letzten Stunde mit ihren vielen Freunden im europäischen Kapital, sondern einen Mann jenes »movimiento«, das die Überreste der entkräfteten Falange versammelte: Adolfo Suárez. Wir erblickten darin zunächst eine Provokation. Doch sollte Suárez, obschon er auf die üblichen Kreuze geschworen hatte, alsbald mit raschen Schritten voranschreiten und tun, was zu tun war, was aber viele nicht tun wollten: Einberufung der Verfassunggebenden Versammlung, Ausschreibung von Wahlen, Einleitung von Verhandlungen mit den Regionen. Er ließ Tarradellas nach Katalonien zurückkehren und die katalanische Flagge wieder über der Generalidad wehen. All dies geschah in dem vorgegezeichneten und ungeschriebenen Rahmen. Auch Suárez erwies sich als äußerst geschickt darin, die »Sache«, das Monster nicht aufzuwecken, das wahrscheinlich schon gar nicht mehr existierte, denn der König, der im Grunde zu dem alten Machtkartell gehörte, schien, alles in allem, minder reaktionär zu sein als mancher Politiker in Mitteleuropa, und selbst Suárez, der Ex-Falangist, stand gewiß nicht weiter rechts als Forlani oder Barre, die niemals Falangisten gewesen waren.

Daß die »Sache« fortlebte, schien fast ausschließlich durch die Vorsicht der Linken belegt, die sich so verhielt, als existierte die »Sache« noch. Kaum genossen sie die Grundfreiheiten, gebrauchten sie sie, um Politik nach den offiziellen Regeln zu machen, ja, sie entschärften selbst diejenigen ihrer Programmpunkte, die vor ihrer regulären Anerkennung und vor ihrer Zulassung als Parlamentsabgeordnete ihr Politikverständnis gekennzeichnet hatten. Es duldet keinen Zweifel, daß die Sozialisten Republikaner waren, sie besannen sich sogar ihrer antimonarchistischen Verve, um, in Termini der Wahlen ausgedrückt, Teile der kommunistischen Wählerschaft – die die Fahne mit den drei inzwischen leicht verblichenen Farben der glorreichen Republik immer noch in einer wohlverschlossenen Kiste aufbewahrt hatten – mit offenen Armen aufzunehmen. Dennoch ging Felipe – auch Felipe der Hurrikan genannt – in der königlichen Residenz ein und aus und war er Suárez' wichtigster Gesprächspartner; sein anarchistisches Flair hatte den Radikalismus der Arbeiterorganisationen gebunden und dirigierte diesen nun in kleinen, erlaubten Schritten in die Befriedung eines nicht-deklarierten Gesellschaftsvertrags. Ebenfalls konnte kein Zweifel daran bestehen, daß sich die von den Kommunisten geförderten Comisiones Obreras nach dem Modell der Räte organisiert hatten und es auch praktizierten;

doch kaum war die KPS legalisiert, da nagelte sie die Comisiones sofort auf ihre Listen fest und tilgte damit den letzten Anschein von Autonomie; zuletzt beschnitt sie ihnen im Vertrag von Moncloa rigoros die Handlungsfreiheit, so daß sich gegen Ende der siebziger Jahre der alte Maulwurf erneut ein tiefes Loch graben mußte, in der Hoffnung auf bessere Zeiten, in denen es ihm möglich sein würde, in dieser merkwürdigen spanischen Demokratie endlich seinen Platz zu behaupten.

Im Verlauf von vier Jahren, denselben, in denen wir in Italien die nationale Einheit praktizierten, stabilisierte sich diese spanische Demokratie wie Zuckerwatte, trocken und zerbrechlich. Die Auszehrung der Institutionen, zu der es bei uns gut dreißig Jahre gebraucht hatte, vollzog sich in Spanien in einer halben Legislaturperiode. Der Pakt zwischen Militanz und Parlamentarismus, Widerstand und repräsentativer Demokratie, zwischen Klassen und Parteien, zu dem es in Italien während und unmittelbar nach der Resistenza gekommen war, hatte in Spanien gerade zu atmen begonnen, da drehten ihm die ängstlichen Obrigkeiten der Parteien auch schon die Luft ab. Deshalb erlosch die Anteilnahme der Bevölkerung hier rascher als in Italien. Ich sage gar nicht, daß sie den Parteien den Rücken kehrte, wohl aber dem Wahlmechanismus, der Abstimmung, dem politischen Diskurs und dem politischen Zusammenschluß: Man zog sich zurück, verweigerte sich, schwieg. Wenn diese Einrichtungen und ihr Gebrauch einen Sinn haben sollen, dann müssen sie schon glaubwürdig der Veränderung dienen. Veränderung schön und gut, doch wie, wenn von allen Seiten, insbesondere von denen, die »Bescheid wußten«, die Warnung kam, daß das Mögliche ja bereits geschehe und daß jede weitergreifende Handlung das Errungene ruinieren, die »Sache« wieder aufwecken würde? Der Burgfrieden war ohnehin durch die bewaffneten Aktionen der Basken auf eine harte Probe gestellt, so wie umgekehrt die Basken sich von dem Madrider Scheinliberalismus auf eine harte Probe gestellt fühlten.

Die Bestimmung über ihr Schicksal, die ihnen viele Jahre lang vorenthalten worden war, hatte man den Menschen in Spanien im Verlauf der sechziger Jahre anvertraut, um eine schmerzlose Geburt zu ermöglichen; nun wurde sie ihnen nach und nach wieder entwunden oder sie selbst ließen sie sich, aus Ermattung oder aus Skepsis, entgleiten. Als man bei uns vom »riflusso« zu sprechen begann, sprach man in Spanien vom »desencanto«. Das ist ein Unterschied. »Riflusso« heißt, daß da eine Flut gestiegen, ein

Fluß angeschwollen war, man hatte ihn eingedämmt, und jetzt liefen die Wasser zurück, bis sie sich in faulenden Tümpeln sammelten. »Desencanto« meint, daß man gehofft hat, Illusionen gehegt hat, und jetzt hofft man nicht mehr, hat man keine Illusionen mehr, meint man, daß das Märchen zu Ende ist, das Märchen, das von den Wenigen, den Großen erzählt worden war, während die Vielen, die Kleinen zugehört und mit schwankender Stimme die Verheißungen, den Zauber, die Erlösung nachzubuchstabieren versucht haben. Keine Aktion ging hier in die Brüche, sondern eine Idee hörte auf zu existieren.

Kann man ohne Ideen leben? Man kann, ja man muß, raunen mir seitdem von allen Seiten Philosophen mittleren Alters und ehemalige Militante zu, allen voran diejenigen, die einst von ihren Lehrstühlen herab lauthals die Weckrufe der Demonstrationen skandiert und meine kritischen und minder heißblütigen Überlegungen des heimlichen Konformismus geziehen hatten. Nachdem es nicht gelungen ist, in wenigen Jahren und kraft einiger Hundert Meetings den Kapitalismus zu stürzen, gerät diesen flinken, selbsternannten Souffleuren des Umbruchs der gesamte Marxismus in die Krise. Mao hat es nicht geschafft; also existierte das Problem nicht, war es eine bloße Fiktion gewesen. Niemand trug Schuld, denn alle hatten sich getäuscht, waren getäuscht worden: von Togliatti, ja schon von Stalin, Lenin, Marx und, wenn man's genau nimmt, bereits von der Französischen Revolution. Fast zwei Jahrhunderte Menschheitstraum und damit Nicht-Geschichte hatten »in die Irre« geführt. Das wurde nun »korrigiert«. Man trennte sich von dem anspruchsvollen Projekt, ersetzte es durch die nicht minder ehrwürdigen, aber keineswegs hoffnungsroten Regelsysteme des pragmatischen Regierens, der Verwaltung der Interessen und Loyalitäten. Man fand Gefallen an der Monopolisierung der politischen Willensbildung durch die Apparate. Alle Macht ging nun von den Repräsentanten aus, nicht von den Repräsentierten: von den Agenturen, nicht von den Akteuren. Der Rest, das »Soziale« in seinen Krämpfen, hatte Wagnis und Schmerz bedeutet, und so war es nicht verwunderlich, daß es jetzt als Bedrohung gelesen wurde, der man sich widersetzte oder entzog: durch Abkehr oder Anpassung oder Drogen oder Gewalt. Die gleiche Ungeduld, die zunächst die Idee der Veränderung verkürzt hatte, führte nun dazu, daß man die Geschichte dieser Idee entstellte, sie lächerlich machte oder sie kasernierte und daß man

die Spuren der wirklichen Veränderung verwischte. Und diejenigen, die es peinlich vermieden hatten, sich die Bühne genauer anzusehen, aus Angst, die Hinfälligkeit der Kulissen entdecken zu müssen, waren jetzt die, die am lautesten das Ende der Inszenierung ausriefen, ja deren »Destrukturierung« verlangten.
Da sich für die Veränderung nicht die Mächtigen eingesetzt hatten, sondern die am meisten Unterdrückten, fiel es nicht schwer, ihnen die Schranken ihrer Vorstellungen nachzuweisen und die Grenzen ihres Handelns zu ermessen. Das System, in dem wir leben, ist derartig massiv, sein Fundament an Entfremdung und Ungleichheit ist so solide, daß die Gefechte, die ihm geliefert werden, leicht grotesk erscheinen können. Im übrigen bringt jede Niederlage eine Umschichtung der Werte mit sich: Wer gewonnen hat, scheint der Intelligentere, wer verloren hat, findet keinen Ausweg. Die sechziger Jahre werden annulliert. Die Gratifikation – nach all dieser Aufsässigkeit – zieht man aus der Enttäuschung. Mit ihr läßt es sich auskommen. Es herrscht ein diffuser Vitalismus, ein vages Vertrauen darein, daß die Welt weit und auf jeden Fall in Fluß sei. Die Anstrengung des Begriffs und die mühevolle Arbeit an der Autonomie der Gesellschaftlichkeit stehen heute unter Nutzlosigkeitsverdacht. Auch das ist uns, den Linken, nicht erspart geblieben. Inzwischen ist die Furcht des Gegners vor unseren Argumenten verflogen. Und während viele von uns sich – augenzwinkernd oder unter Blut und Tränen oder mit larmoyanten Sprüchen – aus ihrer Verstörtheit oder aus dem Handgemenge davonstehlen, ordnet der Gegner das Feld und die Gewichte neu, zu seinen Gunsten. Auch Linke haben, wieder einmal, das Projekt des Politischen bloß imitiert, so wie man einen Tanzschritt oder eine Rolle probt. Doch das Politische ist, seit der Antike, niemals eine Rolle in einem Stück gewesen, sondern stets das Stück selbst. Was haben wir falsch gemacht? Sehr viel. Und es wäre besser, sich dies bewußt zu halten, als es vergessen machen zu wollen. Klagen helfen freilich nicht weiter, denn wer lediglich klagt, gibt zu erkennen, daß er sich ausnimmt. Niemand ist ausgenommen, niemand, selbst unsere Gegner nicht; unsere Antwort auf ihr Triumphgeschrei – mit steifem Finger, aber unter Verdrängung der immensen Opfer, und Kosten ihrer biederen Selbstgefälligkeit, zeigen sie auf die Revolutionen, die zu Karikaturen ihrer selbst geworden sind – kann nicht die Zerknirschung sein, die sie uns abfordern; der »Traum von einer besseren Sache«, den sie als blasse Kopfgeburt brandmarken, ist nicht ausgeträumt. Nur wenn

das Unmögliche immer wieder gedacht wird, läßt sich das Mögliche retten: Das, was wir kennen, ist nicht alles.

In der Zerstörung der Formen, die ich hier in dürren Sätzen zu schildern versucht habe, läßt sich der Grundriß der letzten Jahre wiedererkennen. Und für diejenigen, die sie bewußt erlebt haben, präsentiert sich darin von neuem, in ironischer Brechung, ein alter Sachverhalt. Unter ihnen gibt es nämlich solche, die diese Entwicklungen nicht messianisch, nicht als die Offenbarung der Wahrheit aufgefaßt und erfahren haben, sondern als Projekt, was bedeutet, eher mit und durch Kritik als mit *doxa* zu versuchen, die Vielfalt und die Unabschließbarkeit des Wirklichen in einem beweglichen Experiment zu organisieren, das auf Interpretation und Veränderung abzielt. Ist man außer mit Geschichte auch ein wenig mit Philosophie vertraut, so weiß man, daß eine Gesellschaft, wie eine Person, auch das *ist*, was sie von sich selber denkt, genauer, obwohl dieses Denken über sich selbst nicht immer oder nur selten der Wahrheit ihrer realen – ihrer sozialen – Existenz entspricht, so entspricht es doch stets der Wahrheit ihrer Tendenzen von Veränderung und Bewahrung, der Dialektik von Bruch und Kontinuität. Und sind diese Tendenzen ungleichartig und ungleichgewichtig, so wird die Gesellschaft sich ändern; sind sie es nicht, so bleibt sie sich gleich. Was ist eine Gesellschaft, die aufgehört hat, sich zu denken? Einige der »Ideologien«, die wir kennen, erfassen die lebendige Wirklichkeit nicht mehr, die sich dank ihnen gewandelt hat. Wie das? Es handelte (oder handelt) sich bei ihnen um »einseitige« und eben deswegen mobilisierende Entwürfe, anders ausgedrückt: um historisch gebundene, die untergehen mußten, gerade weil und wenn sie in dieser Weise wirkten, d. h. als Motoren der Veränderung. Und obwohl das Verhältnis zwischen diesem Sich-Denken und der Gesellschaftlichkeit nicht so einfach beschaffen ist, wie das die Arbeiterbewegung in ihrem heute so genannten »Vulgärmarxismus« bisweilen angenommen hat, heißt das nicht, daß die Gesellschaftlichkeit nicht existiert oder sich auf bloße Technik und Form der Politik reduziert, wie viele uns weismachen möchten. Im übrigen ist das Gesellschaftliche nicht wie das Natürliche, sondern es ist ein Gegebenes *und* ein Gewolltes; es ist, kurz gesagt, Geld und Recht, Fabriken und Staat, Individuum und Kollektiv, also eine explosive Mischung aus Subjektivität und Objektivität, aus Bewegung und Trägheit.

Das freilich ist ein Kardinalproblem, und es zielt direkt in die berüchtigte Diskussion um die »Krise des Marxismus«, an der mich zu beteiligen ich nicht gewillt bin. Sie erscheint mir zweitrangig, als Ausdruck blinden Grolls angesichts des Versuchs, sich selbst im Plural und zugleich als ein Ganzes zu denken, erneut ein Zeichen zu setzen, das nicht, nach den Mustern von Eros und Thanatos, entweder die Sprache des Vitalismus oder die der Todessehnsucht spricht, als die wütende Behauptung, verstehen und begreifen zu wollen sei unsinnig, sei das Gegenteil von Leben, eine unzulässige Verstümmelung. Aber wenngleich die wenigen auf dem Plan verbliebenen Anhänger der kritischen Vernunft im Gegenzug zu ebenso arroganten wie simplifikatorischen Thesen von der Unerkennbarkeit der Dinge auf der Mühsal des Begreifens und des Verstehens beharren, so bleibt doch unbestreitbar, daß die politische Kultur der letzten zehn Jahre ein Ausbund an Denkverzichten, Regressionen und Langeweile ist: die Geschichte eines Verrückten, erzählt von einem Betrunkenen. Und es ist gar nicht so verwunderlich, daß dieser Geschichte sich gelegentlich die Polizeikommissariate bemächtigt haben und daß immer häufiger die Auffassung laut wird, das Ganze sei bloß eine Fiktion gewesen, ja ein Delirium, und man werde wieder am Nullpunkt beginnen müssen.

Um mich zu trösten, sage ich mir oft, dies alles sei eine Kinderkrankheit, wie die Masern. Nichts geht ohne Schmerzen und frei von Narben zugrunde. Aber ich kann darüber nicht lächeln. In mancher Hinsicht ähnelt das alles viel mehr einer kaum bezähmten Pest als den Masern. Zu viele Leiber und Köpfe hat es mit sich gerissen, als daß man gelassen bleiben könnte. So schlug ich mich (und schlage ich mich noch immer) herum auf der Suche nach den wenigen, die sowohl die Notwendigkeit politischer Formen erkannt haben als auch imstande sind, überholte Formen zu destruieren, aber auch das *cum grano salis*, und zwar ohne Wut und ohne Exzesse, also vernünftig, das heißt in der gestern von den Herolden der sofortigen Revolution und heute vom »riflusso« verabscheuten Weise. Besorgt beobachte ich die Flucht- und Rückzugsgesten, die zunehmende Erblindung und Selbstblendung unserer Gesellschaft, ihren merkwürdigen Schlaf. Das war wohl der Grund, weshalb ich im Rückblick auf das Spanien von damals stieß und nicht auf andere Themen. Denn was hatte ich auf dieser Reise erfahren, wenn nicht die Unmöglichkeit, in alten

Formen zu begreifen, und die Ungreifbarkeit jedweder neuen Form?

Noch ein Erlebnis aus jüngster Zeit mag mitgespielt haben, das ich abgeschlossen glaubte und das mich nun wieder auf ein Land zutrieb, das mir krank erschienen war wie ein menschlicher Körper, aber ohne die Gabe der Sterblichkeit. Im Monat Juli hatte sich vor meinen Augen der Weg der Zerstörung eines Freundes, der seit Jahren mit seinem Leiden gerungen hatte, vollendet. Man nennt es Depression und assoziiert es – ich weiß nicht, aus welchem Grunde – mit dem Wahnsinn. Aber in der Depression geht weder die Wahrnehmung der Dinge noch das Gedächtnis, noch das Bezugssystem, noch der Gebrauch der Vernunft verloren, sondern nur die eigene Form. Ich sah mit an, wie mein Freund sich unter Grauen in den Fragmenten seines Lebens betrachtete, das er, Stück für Stück, in ein gnadenloses Licht rückte. Er verlor sich selbst als Einheit, als ein Kontinuum, als Identität. Unter meinen Blicken ging er in Fetzen, und jeder Fetzen blutete von Zufälligkeit und Elend. O ja, es ist wahr, daß wir elend sind, und auf die Frage »Dann bin ich also nicht notwendig?« kann keine andere Antwort kommen als »Nein, das bist du nicht«, die wir alle uns selber geben können müßten. Was uns am Leben hält und was das ironische Lächeln der Götter provoziert, ist die Annahme unserer Endlichkeit als Wert. Er litt nicht an seiner Endlichkeit, sondern an seiner *Zusammenhanglosigkeit;* er »destrukturierte« sich. An den langen Nachmittagen, die ich in seiner Nähe verbrachte, ohne daß er mich wahrzunehmen vermocht hätte, so sehr dröhnte in ihm der Schmerz dieser Auflösung, glaubte ich an einem Einzelnen diese Krankheit aller zu erkennen. Und selbstverständlich dachte ich, daß ein Mensch sich aus dieser verhängisvollen »Destrukturierung« würde retten können, und sei es im Tod. Eine Gesellschaft allerdings vermag dies keinesfalls. Ihre »Destrukturierung« ist kein Naturprozeß, den ein »natürliches Ende« beschließt. Der Verlust der Bedeutung, der Zerfall in lauter Fragmente, der Kreislauf der Enttäuschung, das Farblos-Werden der Aktionen – was eine neue Idee sein sollte, verwandelt sich in eine nur um so grausamere Falle – machen eine Gesellschaft ziel- und steuerlos, stoßen sie in Verzweiflung und Überdruß, erzeugen Gleichgültigkeit, Selbstgestaltungsschwäche und werfen jeden Einzelnen auf seine Ohnmacht zurück. *Das* ist die große Depression, nicht die ökonomische. *Das* ist die Krankheit der siebziger

Jahre, von denen die Historiker wahrscheinlich einmal sagen werden, daß die Wirtschaft florierte, die Sachen gemehrt wurden und nur die Menschen zerfielen.
Diese Depression verläuft unter schweren Schmerzen, hat vielerlei Nebenursachen; ihre Hauptquelle jedoch ist, so vermute ich, der unerträgliche Zwiespalt zwischen Gehofftem und Gelebtem. Seine Stimme wiederholt unablässig, daß nichts mehr zu erwarten sei, ja, daß nichts mehr wirklich zu denken sei, denn eine Gesellschaft, wie übrigens auch eine Person, denkt sich einzig, um sich zu verändern. Und nur so behält sie eine hinreichende Selbstwahrnehmung.
Dieses Leiden hatte ich vor Augen, als im August das Spanien von 1962 wieder in meiner Erinnerung erschien. Dieses Leiden hatte es mir vom Grund der Jahre wieder heraufgerufen. Das war es also, was ich damals vorgefunden hatte: ein Land, das sich nicht mehr selbst zu denken vermochte, weil es nicht mehr an Veränderung zu denken vermochte. Irgend jemand würde es zum Schein verändern, aber nur, damit sich nichts wirklich bewegte; die Form, die er ihm überstülpen würde, bliebe ihm äußerlich, wäre kein Eingriff, sondern eine Retusche. Das Land würde krank bleiben.
So war es denn kein Zufall, daß gerade diese Reise mir wieder gegenwärtig wurde, so als hätte sie gestern stattgefunden, daß vor mir Gesichter, Sätze, Bilder, Konfigurationen auftauchten, die authentischer waren als eine Begegnung vor acht Tagen. Der Zweifel – den ich mir, als ich vom Spanien des Jahres 1962 zu berichten begann, nicht eingestand – sitzt tief, der Zweifel, ob nicht trotz allen scheinbaren Wandels sich die Monstren wieder regen. Heute ist der 14. März 1981, ziemlich genau achtzehn Jahre, seitdem ich damals nach Barcelona abfuhr oder es verließ, und sechs Monate seit der Rekonstruktion dieser Erfahrung aus der Erinnerung. In diesen sechs Monaten sind die Monstren wieder hervorgetreten, lächerlich wie der Oberstleutnant Tejero, der wie ein Operettensoldat aussieht; im Schlaf geschieht nämlich nichts Großes, nicht einmal andeutungsweise Tragisches.
Und es packt mich der Zorn angesichts der Vielzahl von Fehlern, der Selbstgefälligkeit beim Eingestehen der Fehler, in der anscheinend auch mein eigenes Land einschläft. Wer rührt sich, wer mischt sich ein, wer denkt sich und wer kämpft? Die Bruchstücke eines Italien, in dem die Linke Selbstmord begeht, das sich Lügen vorschwätzt, weil es der schwierigen Wahrheit nicht ins Gesicht

sehen will, das sich in Schießereien und Verhaftungen ausdrückt, das sich selbst Schläge versetzt, lassen mich ab und zu meine Stimme erheben. Wenige sind es, die die Stimme erheben, und diese wenigen Stimmen artikulieren eher als ein Wort einen Schrei, den freilich niemand vernimmt. Es wird nicht immer so sein, ich habe andere Augenblicke erlebt, dieser freilich dauert mir schon zu lange; ich bin nicht mehr jung genug, um ablenkbar zu sein. In Spanien damals vor achtzehn Jahren habe ich etwas gesehen, worauf ich inzwischen, hierzulande und andernorts, täglich stoße. Und wie damals zucke ich zusammen, wende ich mich ab.